工业化进程中金属矿产资源消费问题研究

金殿臣　著

中国财经出版传媒集团
中国财政经济出版社

图书在版编目（CIP）数据

工业化进程中金属矿产资源消费问题研究/金殿臣著. --北京：中国财政经济出版社，2021. 2

ISBN 978 - 7 - 5095 - 8502 - 3

Ⅰ. ①工… Ⅱ. ①金… Ⅲ. ①金属矿物 - 矿产资源 - 能源消费 - 研究 - 世界 Ⅳ. ①F416. 1

中国版本图书馆 CIP 数据核字（2020）第 269394 号

责任编辑：马 真　　　　责任校对：张 凡

封面设计：北京兰卡绘世　　　　责任印制：党 辉

工业化进程中金属矿产资源消费问题研究

GONGYEHUA JINCHENG ZHONG JINSHU KUANGCHAN ZIYUAN XIAOFEI WENTI YANJIU

中国财政经济出版社 出版

URL：http：//www. cfeph. cn

E - mail：cfeph@ cfeph. cn

社址：北京市海淀区阜成路甲 28 号　邮政编码：100142

营销中心电话：010 - 88191522

天猫网店：中国财政经济出版社旗舰店

网址：https：//zgczjjcbs. tmall. com

北京财经印刷厂印刷　各地新华书店经销

成品尺寸：170mm × 240mm　16 开　12 印张　163 000 字

2021 年 3 月第 1 版　2021 年 3 月北京第 1 次印刷

定价：54. 00 元

ISBN 978 - 7 - 5095 - 8502 - 3

（图书出现印装问题，本社负责调换，电话：010 - 88190548）

本社质量投诉电话：010 - 88190744

打击盗版举报热线：010 - 88191661　QQ：2242791300

序

矿产资源是人类生产生活不可或缺的物质基础，对矿产资源的深度开发和大规模利用有力地支撑了各国的工业化。全球范围内的工业化实践表明，矿产资源的消费特征往往会在工业化推进过程中呈现出阶段性变化。随着中国工业化进程的不断推进，中国金属矿产资源的产量、消费量和贸易量均呈现不断上升态势。目前，中国已成为全球金属矿产资源储藏、开采、生产、消费和贸易大国。研究工业化进程中的金属矿产资源消费问题，既具有较高的理论价值，又具有重大的现实意义。金殿臣博士的《工业化进程中金属矿产资源消费问题研究》就是专门研究这一问题的理论专著。

本书以作者于2017年完成的博士学位论文为基础，该论文曾得到同行专家们的一致好评。如果《工业化进程中金属矿产资源消费问题研究》一书公开出版，相信一定能使更多读者从中获益，并对推进相关领域的进一步深入研究提供有价值的学术贡献。

金碚

中国社会科学院学部委员

2020年11月30日

前　言

本书以铁、铜、铅、锌、锡、铝这6种矿产资源为例，对工业化进程中金属矿产资源消费问题进行了研究。首先，本书对国内外有关矿产资源消费的研究成果进行了综述，并对工业化阶段理论及划分标准与矿产资源消费理论进行了梳理，在此基础上，本书通过分析美国、英国、法国、德国与中国等主要工业化国家工业化进程中金属矿产资源的消费历史后发现，工业化进程中金属矿产资源消费量、人均金属矿产资源消费量与金属矿产资源消费强度基本均呈现出倒“U”形曲线的变化规律。其次，本书分析了工业化、城镇化、人口与技术在推动金属矿产资源消费中的作用，并从土地资源、水环境、大气环境、声环境以及生物群落等方面分析金属矿产资源开发对生态环境的影响。再次，本书运用混合组群均值估计法分别对包含美国、英国、德国、法国的跨国面板数据与包含美国、英国、德国、法国、中国的跨国面板数据进行实证分析。结果表明，制造业增加值的提高会引起金属矿产资源消费量的增加，价格机制对金属矿产资源消费的影响主要是在长期，短期作用不明显，技术进步会导致锡、铁和铝这3种矿产资源消费量的下降，铜由于在电子产品领域具有广泛用途，其消费量表现出随时间增加而增加的特征。通过对比这两个回归结果可以发现，中国工业化进程中对金属矿产资源的巨大需求是推动全球金属矿产资源消费的主要力量。最后，从中国金属矿产资源禀赋特征、地质勘查情况、生产情况、消费与贸易情况、矿产品市场发展情况等角度分析了中国金属矿产资源开发利用现状及存在的问题，并在比较与借鉴美国、日本与加拿大这3个发达国家矿产资源国家战略的基础上，提出中国应在坚持维护国家资源安全、重视生态环境保护、厘清政府与市场边界、坚持开放式利用与树立分类施策理念等原则的基础上，从夯实国内矿产品保障基础、加快矿业“走出去”步伐、积极发展绿色矿业、尽快建立矿产资源战略储备体系等方面入手构建保障矿产资源消费的国家战略。

作者

2020 年 12 月

目　录

第一章　绪　论

第一节　研究背景

经地质成矿作用形成的具有开发利用价值的金属矿产资源是经济社会发展的物质基础，也是工业化顺利推进的重要保障，在现代工业体系中具有广泛的应用，并占据基础性地位。总体来看，我国金属矿产资源种类较为齐全，蕴藏量也比较丰富。随着我国工业化进程的不断推进，我国金属矿产资源的产量、消费量与贸易量均呈现不断上升态势，目前，我国已成为全球金属矿产资源储藏、开采、生产、消费和贸易大国。金属矿产资源作为不可再生的战略性资源，其可持续开发利用不仅关系到相关产业发展及国际竞争力的提升，还将直接影响我国的资源安全、经济利益与工业化进程。现阶段，我国金属矿产资源开发利用面临的国内外环境主要有以下几个方面：

1. 多重因素推高全球金属矿产资源的需求。长期以来，作为先进材料研发制造基地的发达国家在国际市场上主要扮演全球矿产资源消费者的角色，金属矿产资源蕴藏量丰富的发展中国家则主要负责为全球提供矿产原料。但是，随着近 20 年来新兴经济体与发展中国家工业化进程的加速推进，这些国家对金属矿产资源的需求不断上升，部分金属矿产品消费的地区结构也随之发生显著变化，金属矿产品的全球消费版图正在发生改变。与此同时，新兴经济体与发展中国家在加速推进本国工业化进程的同时也逐渐成为驱动全球经济增长的重要力量，面对新兴国家和地区的追赶，发达国家唯有不断加强技术创新并努力拓展材料应用的新领域，才能确保自身牢牢掌控全球金属矿产资源产业链，而这反过来又进一步推高了全球金属矿产资源的需求。

2. 各国对金属矿产资源的争夺不断加剧。从全球金属矿产资源供求关系的变化趋势看，当今世界各主要经济体尤其是工业大国对金属矿产资源的争夺日益激烈，而后危机时代，发达国家为应对国际金融危机而提出的“重振制造业”和“再工业化”战略则进一步加剧了这一激烈态势。另外，随着近年来环保意识在全球深入人心，金属矿产资源开发利用活动面临的环保标准日趋严格，并成为约束金属矿产品供给能力提升的重要因素。因此，全球金属矿产品供求关系总体上趋紧、价格剧烈震荡的态势很可能会长期持续，国际上争夺金属矿产资源的戏码仍将不停上演。

3. 国内金属矿产资源无法完全保障经济社会发展的需要。我国是全球金属矿产资源种类较为齐全的国家，金属矿产资源的蕴藏总量比较丰富。我国铅、锌、钼、钨、锑等金属矿产资源储量排名世界前列，同时，我国对大宗金属矿产品需求规模空前增长，铁矿、铜矿、铝土矿等重要大宗金属矿产资源仍需大量依赖国外进口，对外依存度居高不下。再加上我国人口基数庞大，人均矿产资源占有量远低于世界平均水平，金属矿产资源安全形势不容乐观。此外，从我国金属矿产资源的禀赋特征看，我国多数金属矿产资源尤其是铅、锌、铜、铝、镍等主要有色金属矿产贫矿多、富矿少，单一矿种少、共伴生矿多，中小型矿多、大型特大型矿少，难采冶矿多、易采冶矿少，矿产资源禀赋条件不佳，开发利用难度较大。上述因素使我国金属矿产品总体供需矛盾仍将不断加剧，国内金属矿产资源尚不足以完全保障未来我国经济和社会发展的需要。

4. 粗放开采导致我国优势金属矿产资源优势弱化。虽然我国金属矿产资源种类齐全、储量丰富，资源优势突出，但由于金属矿产资源开发利用模式粗放，再加上 20 多年的过度开采，我国金属矿产资源储量快速下降，金属矿产资源优势日益弱化。另外，我国矿业发展过程中存在的产业链条短而窄、矿产品附加值低、矿产品价格机制形成不合理、低价竞争、矿产资源综合利用率不高、非法走私屡禁不止等问题导致我国金属矿产资源的利用水平偏低。如果不对我国金属矿产资源开发利用活动进行有效的管理和规范，部分优势矿产将加速耗竭，进而危及我国的资源安全。因此，分析我国金属矿产资源开发利用现状与存在的问题，并据此对我国矿产资源进行科学规划与合理开发势在必行。

5. 金属矿产资源开发利用的环境损害严重。一直以来，我国金属矿产资源开发利用企业普遍存在“小、散、乱、差、污”等问题，企业设备工艺落后、技术水平低、环保意识淡薄、社会责任感不强，加之金属矿产资源生态补偿机制不完善、部分企业长期违规违法开采与排放污染物，导致我国金属矿产资源开发利用引发的生态破坏问题突出、环境损害严重。金属矿产资源开发利用的收益难以弥补环境损失，不仅会削弱矿金属产资源可持续开发利用能力，而且还会对当地生态环境和居民健康造成严重损害。

6. 我国金属矿产资源开发利用缺乏战略支撑。近年来，为保护国内资源与环境，国家严控“两高一资”产品出口，我国部分金属矿产资源的生产出口规模有所下降，贸易条件逐步改善。但是，总体来看，我国现阶段尚未形成保障金属矿产资源稳定供给的总体规划与长远战略，在金属矿产资源勘探、采选、冶炼、加工、收储、贸易等环节上，有关产业政策、资源政策、环保政策、贸易政策与市场规范缺乏衔接，政策工具不够丰富，政策法规体系也不尽完善。

第二节 研究目的与意义

矿产资源是人类生产生活不可或缺的物质基础，对矿产资源的深度开发与大规模利用有力地支撑了工业化发展。全球范围内的工业化实践表明，矿产资源消费特征往往会在工业化推进过程中呈现出阶段性变化，具体来看：国家（地区）在工业化初级阶段对铁矿石、煤炭等大宗矿产资源的消费需求比较大；在工业化中期对有色金属与石油的消费需求迅速增加；一旦迈入工业化后期和后工业化阶段，一国对稀有矿产资源的需求将逐步上升，稀有矿产资源将成为现代制造业尤其是战略性新兴产业和国防工业的关键原材料。

总体来看，我国金属矿产资源种类较为齐全，蕴藏量也比较丰富。随着我国工业化进程的不断推进，我国金属矿产资源的产量、消费量与贸易量均呈现不断上升态势，目前，我国已成为全球金属矿产资源储藏、开采、生产、消费和贸易大国。但由于金属矿产资源开发利用模式粗放，再加上20多年的过度开采，我国金属矿产资源储量快速下降，矿产资源优势不断弱化。与此同时，中国矿业发展过程中存在的产业链条短而窄、矿产品附加值低、矿产品价格机制形成不合理、低价竞争、矿产资源综合利用率不高、非法走私屡禁不止等问题导致我国金属矿产资源的利用水平偏低。如果不对金属矿产资源开发利用活动进行有效的管理和规范，势必将加速我国金属矿产资源枯竭，难以保障工业化中后期产业转型升级对金属矿产资源的需求，进而危及国家资源安全和经济安全。正因如此，党的十八大报告明确提出大力推进生态文明建设，形成五位一体总体布局，并特别提出要“加强矿产资源勘查、保护、合理开发”，“把资源消耗、环境损害、生态效益纳入经济社会发展评价体系”。不过对于中国这样一个人口大国来说，进入工业化中后期必然意味着对金属矿产品产生巨大需求，对金属矿产资源固有的国际供求格局造成冲击也在所难免。面对国内产业转型升级对金属矿产资源深度开发利用的迫切需求以及金属矿产资源领域国际竞争形势和政策环境的新变化，以代表性矿产资源为例对工业化进程中金属矿产资源消费问题进行研究，进而建立符合中国自身资源条件的国家矿产资源战略，在进一步巩固我国矿产资源大国国际地位的同时，为我国储量少、应用前景广阔的矿产资源海外收储提供有力保障，从而满足加速城镇化、基本实现工业化、国内消费升级与经济增长的全方位需要。因此，研究工业化进程中的金属矿产资源消费问题，既有突出的理论价值，又具有重大现实意义。

第三节 研究对象与方法

一、研究对象

由于金属矿产资源种类较多，且不同金属矿产资源在国家工业化过程中扮演的角色和重要性不同，本书选取铁、铝、铜、铅、锌、锡作为研究对象对工业化进程中金属矿产资源消费问题进行研究。之所以选取上述6种矿产资源作为研究对象是基于3方面因素考虑。一是矿种的重要性，选取的矿产资源不仅在工业化过程中需求量大，而且对社会经济发展具有重要影响。二是数据的可得性，选取的矿产资源要有足够长的数据序列，并可以获取国别数据用于国际比较。三是矿种的代表性，选取的矿产资源要涵盖中国的优势矿种、普通矿种和劣势矿种。根据美国地质调查局公布的数据显示，2016年中国铁矿石、铅矿、锌矿和锡矿储量分别在全球排名第四、第二、第二和第一，铝土矿储量虽居世界第七位，但储量仅占全球总储量的3.5%，铜矿储量则仅有0.28亿吨，不及全球铜矿储量的4%。因此，从资源总量上看，中国铁、铅、锌、锡这4种金属资源相对丰富，铝资源不富余，铜资源则较为匮乏。从人均资源占有量上看，中国铁矿、铝土矿和铜矿的人均占有量均低于世界平均水平，铅矿和锌矿人均占有量与世界平均水平相当，锡矿人均占有量则高于世界平均水平。具体来看，中国铁矿、铝土矿、铜矿、铅矿、锌矿和锡矿的人均资源储量分别为16.77吨/人、0.61吨/人、21.88千克/人、11.52千克/人、27.71千克/人和1.09千克/人，分别相当于全球平均水平的0.65、0.16、0.22、0.95、1.02和1.67。所以，综合资源总量与人均资源占有量两个角度来看，可以认为锡是中国的优势矿种，铅和锌为中国的普通矿种，铁、铝和铜则为中国的劣势矿种。

二、研究方法

在梳理现有工业化阶段理论与矿产资源消费理论的基础上，本书以铁、铝、铜、铅、锌和锡等代表性矿产资源为例，对工业化进程中金属矿产资源消费问题进行了研究，在具体研究过程中主要采用了以下3种研究方法：

（一）比较分析法

本书在第四章中对美国、英国、法国、德国与中国工业化进程中铁、铝、铜、铅、锌、锡这6种矿产资源的消费历史进行了比较分析；在第六章中对包含美国、英国、德国、法国的跨国面板数据与包含美国、英国、德国、法国、中国的跨国面板数据的回归结果进行了比较分析；在第八章中对美国、日本与加拿大的矿产资源国家战略进行了比较分析。

（二）定性分析法

本书在第五章中利用定性分析法阐述了工业化进程、城镇化发展、人口增长与技术进步对金属矿产资源消费的影响，并从土地资源、水环境、大气环境、声环境以及生物群落等几个方面定性分析了金属矿产资源开发对生态环境的影响。

（三）实证分析法

本书在第六章中以铁、铝、铜、铅、锌、锡这6种矿产资源为代表，利用美国、英国、德国、法国与中国5个工业化国家的有关数据，以当期人均矿产资源消费量为被解释变量，以矿产资源价格、当期与滞后期的人均制造业增加值、滞后期的人均矿产资源消费量和时间趋势项为解释变量，对工业化进程中金属矿产资源消费问题进行了实证研究。

第四节　创新与不足

一、可能的创新

与其他国内外相关文献相比，本书可能的创新点主要有：

（一）总结出全球主要工业化国家工业化进程中金属矿产资源消费的经验规律

本书通过对美国、英国、法国、德国与中国等主要工业化国家工业化进程中金属矿产资源的消费历史进行分析发现，工业化过程中金属矿产资源消费量、人均金属矿产资源消费量与金属矿产资源消费强度基本均呈现出倒“U”形的变化规律。这一长期规律具有一定的普遍性，有助于解释中国在金属矿产资源消费领域中存在的一些复杂现象。

（二）测算出工业化进程中金属矿产资源消费驱动因素的影响

本书以铁、铝、铜、铅、锌和锡这6种矿产资源为代表，在搜集美国、英国、德国、法国与中国相关历史数据的基础上，构建了一个非平衡跨国面板数据，样本期间涵盖1970—2014年。同时，考虑到中国在样本期内和美国、英国、法国与德国这4个国家经历的工业化阶段不尽相同，其对矿产资源的需求特征也可能有所不同的情况下，本书首先利用美国、英国、法国与德国这4个国家的有关数据，运用PMG估计法对其工业化进程中6种金属矿产资源消费驱动因素的影响进行测算；之后加入中国的数据，并对包含中国在内的5国数据再次运用PMG估计法进行估计，在对5国工业化进程中6种金属矿产资源消费驱动因素的影响进行测算的同时，通过对比这两种估计结果得出中国在样本期内对全球这6种金属矿产资源消费趋势的影响。

（三）探讨了工业化中后期我国保障矿产资源消费的国家战略的总体思路、基本原则与具体举措

本书在比较与借鉴美国、日本、加拿大这3个国家矿产资源国家战略的基础上，基于我国的具体国情，从增强工业化中后期矿产资源综合保障能力与实现以较少的资源消耗支撑经济社会可持续发展的角度出发，对我国构建保障矿产资源消费的国家战略的总体思路、基本原则与具体举措进行了有益的探讨。

二、存在的不足

与此同时，本书还存在以下不足：

（一）研究中涉及的国家不多、涵盖的时间范围不长

由于不同国家制度环境、经济发展水平、产业结构与资源政策不尽相

同，它们表现出的金属矿产资源消费特征也可能不尽相同。但是受数据可得性限制，本书主要对美国、英国、法国、德国与中国工业化进程中金属矿产资源消费问题进行了研究，并未对日本、韩国、意大利、荷兰、西班牙、瑞典、俄罗斯、巴西、印度、南非等其他主要工业化国家工业化进程中金属矿产资源消费问题进行研究，研究中涉及的国家数量不够多。加之本书使用的相关数据在时间上并未完全涵盖上述国家的整个工业化过进程，样本涵盖的时间范围不够长。这些都可能会影响到本书研究结论的代表性与可信度。

（二）测算的影响金属矿产资源消费的驱动因素过少

城镇化、工业化、人口数量、矿产品价格、技术进步、产业结构等都是影响金属矿产资源消费的主要因素，不过，本书仅测算了工业化、矿产品价格与技术进步对工业化进程中金属矿产资源消费的影响，并利用在回归方程中加入时间趋势项的方式去测算技术进步对金属矿产资源消费的影响，处理方式较为简单，整个实证过程略显单薄。

第五节 本书结构安排

本书共分九章。第一章绪论，提出研究背景、选题目的与意义，明确了研究对象与方法，阐述了全书的创新点与不足。第二章文献综述，对矿产资源相关研究进展特别是矿产资源消费方面的研究进行综述。第三章理论基础，介绍了工业化阶段理论及划分标准与矿产资源消费的有关理论。第四章工业化进程中金属矿产资源消费的国际比较，对美国、英国、法国、德国与中国工业化进程中金属矿产资源的消费历史进行了比较分析。第五章金属矿产资源消费的推动因素与环境效应，分析了工业化、城镇化、人口与技术在推动金属矿产资源消费中的作用，并从土地资源、水环境、大气环境、声环境以及生物群落等方面分析了金属矿产资源开发对生态环境的影响。第六章工业化进程中金属矿产资源消费的实证研究，首先运用 PMG 估计法对美国、英国、法国与德国这 4 个国家工业化进程中金属矿产资源消费驱动因素的影响进行测算；之后加入中国的数据，并对包含中国在内的5国数据再次运用PMG估计法进行估计，在对5国工业化进程中6种金属矿产资源消费驱动因素的影响进行测算的同时，通过对比这两种估计结果得出中国在样本期内对全球这6种金属矿产资源消费趋势的影响。第七章适应消费需求变化的中国金属矿产资源开发利用现状，从中国金属矿产资源禀赋特征、地质勘查情况、生产情况、消费与贸易情况与矿产品市场发展情况等方面入手分析了中国金属矿产资源开发利用的现状与存在的问题。第八章构建保障矿产资源消费国家战略的总体思路与具体举措，阐述了中国构建保障矿产资源消费的国家战略的必要性，并在比较借鉴美国、日本、加拿大这3个发达国家矿产资源国家战略的基础上，对我国构建保障矿产资源消费的国家战略的总体思路、基本原则与具体举措进行了有益的探讨。第九章结论，总结了本书的主要研究结论。

第二章　文献综述

第一节　矿产资源消费的文献研究

一、矿产资源消费与工业化的机制研究

Hubbert（1967）认为，工业社会依赖大规模消耗能源和矿产资源，倘若没有矿产资源的大量消耗，工业化的好处就无法传播到世界各地。有关统计显示，矿产资源为人类提供了70%的制造业原料与90%的能源，因此，矿产资源行业在为人们的生产生活提供原材料与能源方面发挥着不可或缺的作用（张文驹，2003）。张荣光（2012）指出，矿产资源是人类生存和社会发展的物质基础，为工业化提供重要的物质支撑，工业化的顺利推进必须要以矿产资源为依托。Thangasamy等（2016）同样指出，国家在工业化过程中需要消耗大量矿产资源。王安建（2017）也指出，工业化过程是人类将矿产资源转化为财富的过程，在这一过程中，矿产资源被大量消耗，社会财富不断积累，经济发展水平逐步提高，当工业化步入成熟阶段后，重要矿产资源消费量在陆续达到峰值水平后将转而下降。

国外学者对矿产资源消费问题的研究始于20世纪40年代。不过，由于当时能够获取的矿产资源数据有限，加之适用的统计方法、技术手段不多，国外学者起初对矿产资源消费问题的研究并不顺利。直到20世纪60年代，矿产资源消费理论才逐渐有了一系列突破。Harvey和Lowdon（1961）发表的《自然资源禀赋与区域开发》一文通过深入研究美国近

200 年的工业化进程后发现，1790—1840 年，农业开发在美国经济发展中占据主导地位，美国矿产资源需求处于一个较低的水平；1840—1940 年，随着工业化的发展，美国矿产资源需求不断增长，并逐渐成为全球矿产资源开发与矿产品生产加工基地；1940—1954 年，伴随工业化进程的进一步推进，服务业逐渐代替工业成为美国区域开发的中心。在此基础上，他们首次提出了矿产资源开发与工业化发展的阶段性理论。该理论指出，矿产资源是支撑人类工业化发展的重要物质基础，与此同时，不同种类的矿产资源在工业化的不同阶段发挥着不同的作用。Malenbaum（1978）在 Harvey 和 Lowdon 研究的基础上，以人均矿产资源消费量为切入点深入研究了美国矿产资源消费需求增长的长期变化，其发现地区经济发展水平、开发程度与矿产资源消费强度之间存在很强的相关性，在此基础上，其进一步推断出处在不同发展水平、具有不同开发程度的国家（地区）具有不同的矿产资源消费特征与需求特点。之后，其率先提出矿产资源需求生命周期理论，即随着人均收入水平的提高，国家（地区）的矿产资源消费强度会表现出倒“U”形变化特征。Jeon 与 Clark（1990）从全球主要国家矿产资源消费过程中表现出的具体差异入手，初步确定出工业化过程中矿产资源消费需求结构的基本类型和特征，从而提出矿产资源消费的结构分类理论（简称克—杰分类理论），并进一步完善了矿产资源需求生命周期理论。

Barnett 和 Morse（1963）指出，矿产品尽管面临着紧缺问题，但可以通过科学技术为稀缺矿产资源寻找替代物缓解这一问题。金碚等（2014）认为，工业技术路线及由其决定的资源路线决定着地球上的物质能否成为“资源”，即在一定的工业技术路线下，“废物”可以成为“资源”，“资源”也可以变为“废物”。工业强大的创造力意味着其能大量消耗资源，这使工业能够让地球上本十分丰富的物质变成稀缺的资源。任忠宝等（2012）认为不同的矿产资源在工业化各阶段的重要程度不同，国家（地区）的矿产资源需求特征会因所处工业化阶段的不同而不同。其通过研究矿产资源消费水平、消耗强度与工业化阶段之间的相互关系，提出矿产资源消耗双拐点理论，该理论认为矿产资源消费量达峰时的拐点意味着矿产资源消费量由增转减，矿产资源消耗强度达峰值时的拐点表明矿产资源利用方式由粗放变集约。金碚（2008）指出，工业化过程的实质是通过大规模深度开发利用自然资源，以不断满足经济和社会发展的需求。有效竞争是市场经济活力的来源，而市场经济是实现工业化过程的重要机制，因此，工业化技术路线和资源路线的选择和转变是由工业竞争力源泉的现实状况和演化趋势决定的。从长期来看，工业化的资源路线是不以人的意志为转移的客观规律，是人类即使必须为其付出代价也难以逾越的必经发展阶段。从工业化的技术路线看，工业化过程在创造财富的过程中需要消耗大量的资源，与此同时，工业化过程又能以更高效的资源利用率更大程度地节约资源；工业化是一个将无限供应没有经济价值的物质转变成具有稀缺性与经济价值的资源的过程，工业发达的表现之一就是资源价格上升，不过这也是促进技术进步的风险表现；工业的大规模开发利用的确会耗尽部分可耗竭资源，但要想获得持续的资源供应唯有依赖发达的工业生产与工业技术。

二、矿产资源最优耗竭条件

部分学者从最优耗竭条件出发对矿产资源消费进行了研究。Hotelling（1931）指出，如果资源租（资源价格与开采成本的差）的增长率与其他资产的利率相等，那么此时就处于最优耗竭状态。不过，随着开发成本与资源租的提高，资源品的价格也会不断上涨，进而使得资源品的需求减少。最终，资源将在市场需求降低为零时全部耗尽。不过，许多学者的研究发现，技术进步与资本替代可以在一定程度上缓解不可再生资源过度消耗对经济的约束。Solow（1974）采用替代弹性大于1的罗尔斯社会福利函数，用经济模型从理论上对最优耗竭率进行论证，其研究认为，倘若不可再生的资源可以被可复制的资本品全部替代，那这种耗竭率才是最优的。Joseph（1974）利用柯布—道格拉斯生产函数，发现资本、技术可以减轻因资源消耗而导致的资源品减少的影响。在Hotelling研究的基础上，Dasgupta和Heal（1979）通过引入最优经济增长路径分析法，建立了一个决定不可再生资源最优耗竭率的简单、有效模型。该模型认为最优资源耗竭条件主要受以下三方面因素影响：一是资源是否是生产消费品的必要投入品；二是技术进步能否为资源找到替代品，进而使得资源不再是生产消费品的必要投入；三是资源品与资本间的替代性与发现新资源这两者是否存在不确定性。Schmidt（1988）放宽了Hotelling模型对矿产储量、替代技术与需求偏好的假设后发现，消费偏好的变化、矿产储量的增加、技术进步与垄断势力都会影响矿产资源最优耗竭率。Malueg和Solow（1990）指出，在市场存在垄断的情形下，矿产资源的稀缺性与耗竭时间为正相关。Fischer和Laxminarayan（2004）指出，垄断厂商在需求弹性不同的两个市场采取不同的市场价格是矿产资源消耗过快的重要原因。闫军印和赵国杰（2006）从影响区域矿产资源最优耗竭条件的多个因素入手，构建了一套包括3个层级涵盖23种具体指标在内的区域矿产资源最优耗竭条件评价体系。杜凤莲（2017）以稀土为例，运用动态优化方法，探讨了在国内、国际都是垄断市场，国内、国际都是完全竞争市场，国内市场垄断、国际市场完全竞争，国内市场完全竞争、国际市场垄断等不同市场结构组合下中国稀土资源的最优耗竭条件。

三、工业化进程中人均矿产消费量的变化趋势

工业化进程中人均矿产消费量的变化趋势同样引起了学者们的关注。王安建等（2010）指出，人均资源消耗量在农业社会呈缓慢增长态势，进入工业社会后，人均资源消耗量将进入快速增长阶段，在进入后工业化社会后，随着基础设施的完善、社会财富的积累与经济结构的转换，各种资源的人均消耗量将在陆续达到峰值后转而下降。总之，人均资源消耗量与人均GDP在整个“农业社会—工业社会—后工业化社会”的发展过程中表现出“S”形变化规律。国家（地区）的经济结构与产业特征则是决定“S”形曲线绝对高度的关键因素，一般来说，工业占比较大的国家（地区）的人均资源消耗量会高于服务业占比较大的国家（地区）。代涛等（2017）分析了美国、意大利、日本、法国、西班牙、英国与德国等典型

发达国家近100年的铅矿消费历史后发现，在工业化过程中，这些国家的人均铅消费量与人均GDP之间确实呈现出“S”形变化规律。不过，由于不同的矿产资源具体用途不尽相同，各矿产资源到达峰值的时间也不会完全一样（国务院发展研究中心课题组，2014）。

第二节 能源矿产资源消费的文献研究

一、能源消费与经济增长的机制研究

（一）能源消费在经济增长中的作用

由于能源在人类社会发展和工业化进程中的重要作用，对于能源矿产资源消费的研究起步较早，目前已积累了大量宝贵的研究成果。期初，学者们主要聚焦于能源消费与经济增长间的关系研究。Cottrell（1955）、Hudson和Jorgenson（1974）、Allen（1979）、Berndt和Wood（1979）等学者认为能源消费在经济增长中起到重要的作用，能源应该被视为与劳动、资本一样具有价值创造功能的生产要素，而非仅仅被当成简单地将其成本追加到最终品价格上的中间品。Moroney（1992）指出，生产率下降的一个重要原因就是能源强度的降低。Ayres等（2003）研究了电力对经济增长的影响后指出，经济增长离不开能源消费的支撑。Pokrovski（2003）同样认为能源是推动经济增长的重要因素，且劳动与能源之间存在替代关系。Murillo-Zamorano（2005）通过统计检验后发现，能源在生产过程中是一种重要的相关性投入。Bayramoglu和Yildirim（2017）同样指出，能源是生产活动的重要投入要素，是推动经济增长的重要因素。不过，Gullickson和Harper（1987）等学者则认为能源在经济增长中的作用并不大，他们以1973年、1979年两次能源危机为例，分析发现能源危机对OECD国家经济增长的影响较小。

（二）能源消费与经济增长的因果关系检验

国外学者在能源消费与经济增长间关系的定量研究方面进行了一系列

积极探索，并涌现出了诸多研究成果（详见表2-1、表2-2），部分成果在20世纪70年代一经发表即引发国际社会广泛关注。通过梳理相关文献可以发现，学者们有关能源消费与经济增长间关系的定量研究主要聚焦于两者是否存在因果关系。不过，由于不同学者选择的具体模型、检验方法与样本（国别、时间）存在差异，其研究结论也存在较大差别，即便是同一个国家，能源消费与经济增长间的依存关系也可能因为发展时期的不同而不同。经济体制、产业结构、能源政策等的差异都可能是造成上述结果的原因。或许正是基于以上原因，这一问题长期受到学者们的关注。但是，值得注意的是，部分学者在研究能源消费与经济增长间关系上采用的实证方法本身存在的不足也是导致研究结论无法统一的重要原因。例如，由于Granger因果检验法对模型设定形式、异常值与变量平稳性比较敏感，其检验结论常常因滞后阶数的主观选择而产生敏感性变化，更重要的是，在实际检验过程中，传统的Granger因果检验方法可能会过度关注因果关系在统计意义上的显著性，而忽略了其在经济意义上的显著性。此外，E-G两步法因其第一步不能进行统计推断和假设检验而招致各种批评。

表2-1　国外支持能源消费与经济增长之间存在关系的定量研究文献

作者和发表时间	样本国别和地区	样本数据区间	实证方法	结论
Kraft. J和Kraft. A（1978）	美国	1947—1974年的年度数据	Granger因果检验法	存在着由GNP到能源消费的单向因果关系
Stern（2000）	美国	1947—1990年的年度数据	单方程静态协整分析法及多元动态协整分析法拓展的4变量（GDP、劳动力、资本和能源）向量自回归（VAR）模型	能源在解释GDP变动中具有显著的影响效果，GDP、资本、劳动力和能源间存在明显的长期协整均衡关系

续表

作者和发表时间	样本国别和地区	样本数据区间	实证方法	结论
Masih, A. M. M 和 Masih, R (1997)	印度、巴基斯坦、印度尼西亚、马来西亚、新加坡、韩国、菲律宾和中国台湾	1955—1990 年的年度数据	多元经济计量模型	马来西亚、新加坡和菲律宾的能源消费同实际收入间存在中性的结构依从关系；印度存在从能源消费到 GNP 的单向因果关系；印度尼西亚存在从 GDP 到能源消费的反向因果关系；巴基斯坦和中国台湾的能源消费与 GDP 存在双向因果关系
Cheng 和 Lai (1997)	中国台湾	1955—1993 年的年度数据	单位根检验、协整检验以及 Granger 因果检验的 Hsiao 程序等技术	存在 GDP 到能源消费的单向因果关系
Arora 和 Shi (2016)	美国	1973—2014 年的季度数据	Granger 因果检验法	在 20 世纪 90 年代，GDP 与能源消费间存在双向因果关系；进入 21 世纪后，存在从 GDP 到能源消费的单向因果关系
Sarmah (2016)	印度	1992—2014 年的年度数据	Granger 因果检验法与方差分解分析法	存在从 GDP 到天然气、电力与总能源消费的单向因果关系，存在从煤炭消费到 GDP 的单向因果关系

资料来源：作者整理。

表 2-2　国外不支持能源消费与经济增长之间存在关系的定量研究文献

作者	样本国别和地区	样本数据区间	实证方法	结论
Akarca 和 Long (1980)	美国	1950—1970 年的年度数据	Granger 因果检验法	不存在由 GNP 到能源消费的单向因果关系

续表

作者	样本国别和地区	样本数据区间	实证方法	结论
Yu 和 Hwang（1984）	美国	1947—1979 年的年度数据	Granger 因果检验法	能源消费与 GNP 之间不存在因果关系
Yu 和 Jin（1992）	美国	1974—1990 年的季度数据	E－G 两步法	能源消费与经济增长之间并不存在长期协整关系
Stern（1993）	美国	1947—1990 年的年度数据	4 变量（GDP、劳动力、资本和能源）向量自回归模型	能源消费与 GDP 之间不存在因果关系
Bayramoglu 和 Yildirim（2017）	美国	1973—2013 年的季度数据	自回归分布滞后（ARDL）模型	长期内，能源消费对经济增长的影响非常小，且系数在统计上不显著

资料来源：作者整理。

国内学者在能源消费与经济增长之间关系的定量研究方面同样成果颇丰（详见表 2－3），与国外学者研究的侧重点相似，国内学者也比较侧重检验两者间是否存在因果关系，在研究方法上同样借鉴了国外学者较为常用的 Granger 因果检验、E－G 两步法、协整和误差修正模型。不过值得注意的是，就研究结论而言，国内学者的研究大多支持中国经济增长与能源消费之间存在一定关系的结论。不过，由于借鉴了国外学者的研究方法，国内学者同样因研究方法上存在缺陷或不足而招致各种批评。

表 2－3　国内研究我国能源消费与经济增长之间关系的定量研究文献

作者和发表时间	样本数据区间	实证方法	结论
赵丽霞等（1998）	1978—1996 年的年度数据	通过将能源变量引入柯布—道格拉斯生产函数建立 VAR 模型	经济增长与能源消费是正相关的
林伯强（2003a，2003b）	1952—2001 年的年度数据	协整和误差修正模型	电力消费与资本、GDP、人力资本间存在长期协整关系

续表

作者和发表时间	样本数据区间	实证方法	结论
韩智勇等（2004）	1978—2000 年的年度数据	E－G 两步法和未考虑平稳性的标准 Granger 因果检验	GDP 与能源消费间存在双向因果关系，但不存在长期均衡关系
马超群等（2004）	1954—2003 年的年度数据	E－G 两步法和未考虑平稳性的标准 Granger 因果检验	水电、天然气、石油与 GDP 之间不存在协整关系，能源消费总量、煤炭消费与 GDP 之间存在长期均衡关系，且 GDP 同能源消费总量存在双向因果关系
赵进文等（2007）	1956—2005 年的年度数据	运用非线性 STR 模型	1956—1976 年，中国经济增长对能源消费的影响呈非线性特征，并存在从线性到非线性的频繁转换，1977—2005 年，这种影响呈线性特征
师博（2007）	1852—2005 年的年度数据	向量误差修正模型结合结构突变分析	1952—2005 年，中国经济增长与能源消费之间不存在长期均衡关系，但 1962—2005 年，二者存在协整关系
吴巧生（2008）	1986—2005 年的各省年度数据	面板协整分析和基于面板的误差修正模型	中国经济增长与能源消费间的关系在总体和区域与长期和短期上均存在显著差异
李国璋与霍宗杰（2010）	1978—2007 年的年度数据	自回归分布滞后（ARDL）模型	经济增长对能源消费在长期和短期内都有显著影响
宋锋华和泰来提·木明（2016）	1985—2012 年中国 27 个省级单位面板数据	面板协整技术和面板误差修正模型	能源消费与经济增长之间存在长期协整关系

资料来源：作者整理。

二、能源消费与城镇化的关系探讨

部分国外学者对城镇化与能源消费的关系进行了研究。Breheny（1995）研究发现，随着小城市人口数量的增加，交通运输行业的能源消费会增加，因此，其认为小城市的发展不利于能源的集约化利用。Sathaye等（1985）通过深入研究发展中国家的城镇化进程后指出，城镇化会加快石油取代煤炭的步伐，从而优化能源消费结构。Schipper等（1989）的研究则指出，因居民消费引起的能源消费占能源消费总量的近50%。不过，Wei等（2003）的研究认为，一方面，城镇化会通过促进经济增长而推高能源消费；另一方面，城镇化会优化资源、技术与产业间的配置结构，进而减少能源消费。Li与Lin（2015）搜集了73个国家1971—2010年的有关数据，并将样本根据年收入水平划分为4组，在此基础上分析了能源消费与城镇化的关系，其研究结果表明：（1）在低收入群体中，城镇化会降低能源消费；（2）在中低收入和高收入群体中，城镇化会明显增加能源消费；（3）在中高收入群体中，城镇化对能源消费则没有显著影响。

国内学者对我国能源消费与城镇化的关系也进行了一系列积极探索。耿海青（2004）通过对中国的城镇人口与能源消费进行回归分析后发现，两者存在正相关。刘耀彬（2007）采用向量自回归模型从动态计量方面对中国城镇人口规模和能源消费总量进行脉冲响应分析。许冬兰等（2010）在向量自回归模型的基础上，运用协整分析与Granger因果检验对城镇化与能源消费间的关系进行了实证研究。何晓萍等（2009）利用面板数据非线性模型和协整模型从两个侧面研究了城镇化对中国电力需求的影响，其研究结果显示中国城镇化与电力需求高度相关。周国富等（2011）采用动态分析法对能源消费与城镇人口规模间的关系进行了研究。在环境库兹涅茨曲线理论的基础上，白积洋（2010）对能源消费、城镇化与经济发展间的关系进行了实证研究，其研究结果表明能源需求的提高与城镇化的推进、经济发展有较大关系，对中国来说，产业结构不合理也是其能源需求过快增长的重要原因。马珩（2012）以能源价格、工业化、城镇化为解释变量，能源消费为被解释变量，建立多元线性回归模型，测算了工业化、城镇化对中国能源消费的影响，其研究结果表明，GDP、工业增加值占GDP比重、城镇人口比重和中国的能源消费正相关；第三产业比重和中国能源消费呈负相关。王蕾和魏后凯（2014）利用中国1985—2010年31个省级地区的有关数据，运用固定效应模型分析了中国能源消费与城镇化间的关系，其研究结果表明城镇化是驱动中国能源消费的重要因素。目前，中国许多地区的城镇化水平仍然偏低，总体上看，中国的城镇化进程远未结束，未来，中国的能源消费水平将随着城镇化水平的提升而大幅增加（方毅、张筱婉，2013）。

三、能源消费与工业化的关系研究

工业是能源消费的主体（张晓平、孙磊，2010），从工业化视角出发研究能源消费的成果也较为丰富。张雷（1997）指出，随着工业在经济结构中占比逐渐提高，地区能源消费量将急剧增长。Ussanarassamee等（2005）通过拉氏指数分解法分析了泰国工业能源的消费总量、需求格局与能源强度后发现，随着时间推移，泰国工业能源消费强度表现出倒"U"形变化规律。Yamaguchi（2005）的研究指出，技术投入的增加是促使日本制造业在20世纪80年代能源消费强度下降30%的重要原因。Shahbaz与Lean（2011）利用突尼斯1971—2008年的有关数据，运用自回归分布滞后模型分析了工业化与能源消费间的关系，其实证结果表明，突尼斯工业化和能源消费之间存在长期双向因果关系。Lin与Ahmad（2016）指出，工业化是过去20年来巴基斯坦能源消费量大幅增加的主要原因。张丽（2009）运用协整分析与Granger因果检验法，研究了中国能源消费、工业化程度与经济增长间的关系，其研究结果显示工业化与能源消费之间存在长期均衡关系，且前者是后者的Granger原因。李世祥（2010）指出，进入21世纪以来，中国工业化进程的加速是推高中国单位产出能耗的重要原因。陈军等（2007）以中国30个省份为例，利用聚类分析，探讨了地区能源消费量与工业化水平间的关系。吴巧生（2010）在构建多变量影响模型基础上，运用自回归分布滞后法（ARDL）分析了中国各类能源消费量与工业化水平间的关系，其研究结果表明，从长期来看，工业化水平的提高是推高煤炭消费量与总能源消费量的关键因素。张伟等（2012）构建了一个包含 30 个省级地区 1998—2008 年有关数据的面板数据，并通过面板协整分析法研究了经济增长、工业化水平与能源消费间的关系，其研究结果显示，工业化水平的提高会促进经济增长，而经济增长又会带动能源消费量的上升。同时其还发现，工业化进程的深入对于提高能源利用效率具有积极作用。陈其安和孙方方（2017）运用中国 1985—2013 年的相关数据，通过建立向量误差修正模型分析了工业化与能源消费间的关系，其研究同样表明工业化会促进能源消费的提高。

另有部分学者对中国工业化水平提高对能源消费的拉动效应进行了测算。王鹤（2009）在搜集中国 1953—2007 年有关数据的基础上，运用协整分析测算出中国工业化水平每增加 1% 会导致能源消费提高 3.45%。屈小娥和袁晓玲（2009）的分析也表明中国工业化程度与能源消费间存在长期均衡关系，但工业化水平每提高 1 个百分点拉动能源消费同步增长没有王鹤（2009）的结论高，约为 0.5 个百分点。齐志新等（2007）利用中国 1993—2005 年的有关数据，对能源需求与工业结构的关系进行了研究，其测算结果显示，重工业比重每提高 1% 会带动约 1000 万吨标准煤的能源消费。张意翔等（2008）利用我国 1989—2005 年能源消费、重化工业产值等数据，通过建立误差修正模型分析了重化工业对能源消费总量的影响，其研究显示，重化工业产值每增加 1%，本期能源消费量将提高 0.73%，不过下一期能源消费总量会减少 0.45%。未来，中国的能源消费水平将随工业化进程的推进而大幅增加（马珩，2012）。不过，工业化、市场化进程的加快会促进能源密度的下降，从而以较低的能源消费实现较快的经济增长（吴巧生等，2005）。另外，以信息化带动工业化为主要特点的新型工业化道路在加速工业化进程的同时，还能够促进中国能源消费强度的降低，并让中国避免重复工业发达国家先污染后治理的老路（史丹、张金隆，2003）。

四、能源消费的变化机制

能源消费变化机制同样引起了学者们的关注。Ang 和 Lee （1994） 认为，不同时期的能源消费变化可以具体分解为结构效应、技术效应与规模效应。Nooji 等 （2003） 同样指出，决定能源消费水平的主要因素是能源消费强度、经济结构与经济总量。Alcantara 等 （2004） 的研究表明，需求效应、能源消费强度效应是影响欧盟国家整体能源消费强度差异的主要原因，而能源消费强度最高的行业则是制造业与冶金业。Cornillie 等 （2004） 发现能源价格的自由变动和企业改制是促使中东欧国家在 1992—1998 年转型期间能源消费强度降低的主要原因。Ki - Hong 等 （1995） 通过深入分析韩国制造业能源消费变化后发现，技术效应是韩国制造业能源消费变化的主要原因。Markandya 等 （2004） 则以欧洲国家为例，通过研究 12 个中东欧国家与西欧发达国家间经济增长的收敛性与能源消费强度的关系后发现，总体来看，12 个中东欧国家与西欧发达国家间人均收入差距每减少 1%，其能源消费强度会相应降低 0.7%。Miketa （2001） 利用 39 个国家 10 个制造业部门 1971—1996 年的有关数据，分析了资本积累、能源价格与行业产出对能源消费强度的影响，其研究结果表明，资本积累对能源强度具有正向作用，且随行业产出的增加而增强。Sun （2002） 利用 27 个 OECD 国家 1971—1998 年的有关数据，通过平均差对这些国家在此期间内的能源消费强度差异进行分析后发现，技术创新与经济体制革新是减少能源消费强度差异的重要原因。Reddy 等 （2010） 通过对印度制造业能源消费进行分解分析后发现，印度制造业能源消费强度降低的关键因素是结构效应。Carmona 和 Collado （2016） 通过分析西班牙安达卢西亚地区 2003—2012 年的能源消费变化后指出，结构效应促使该地区的能源消费量减少了 11%。

国内学者同样对中国能源消费的变化机制进行了一系列有益探索。姜巍、张雷（2004）指出，新中国成立后的大规模工业化活动不仅大大地改变了中国的生产面貌，还显著地提高了中国的能源需求量。从时间角度上看，中国的能源消费特征与大多数发达国家类似，均呈现出倒“U”形变化特征。具体来看，中国的能源消费强度先是从1952年的7万吨标煤/亿元上升到1975年的15.6万吨标煤/亿元，之后受技术进步与产业结构优化的影响，中国的能源消费强度开始从高峰逐渐下降。马晓微（2007）利用能源消费结构多元化指数、产业结构多元化指数与自然资源消费生命周期理论，运用1953—2005年的数据分析了该期间中国经济发展与能源消费的关系，其研究表明：（1）1953—1990年，能源是驱动经济发展的主要因素，1990年后，能源与其他因素共同推动经济发展；（2）整个样本期间，我国石油、煤炭与能源的消费强度均呈现倒“U”形变化规律；（3）产业结构的变化受一次能源消费量的影响；（4）能源消费结构在不同阶段对能源消费强度的影响不同。

齐绍洲等（2009）则利用德国、意大利、法国、日本、美国、荷兰、加拿大、英国与中国1991—2004年的年度数据，研究了国家间人均GDP收敛性对能源消费强度差异的影响。其研究结论主要有：（1）中国与上述8个发达国家间的能源消费强度差异会随着人均GDP差异的收敛而收敛，且能源消费强度差异的收敛速度更快；（2）能源消费强度的差异随中国与8国间的固定资产投资差异、能源价格差异、技术进步差异的缩小而缩小，但随FDI差异的缩小而有微小的增加；（3）技术、投资与价格竞争机制等差异是导致中国与发达国家间的能源消费强度差异会随人均GDP差异的收敛而收敛的原因。王安建等（2010）指出，一国能源消费弹性系数会随经济发展阶段呈现出阶段性变化，具体来说：（1）能源消费弹性系数在前工业化阶段一般不超过0.5；（2）能源消费弹性系数在缓慢工业化过程中为0.8—1.0，在快速工业化过程中为1—1.2；（3）能源消费弹性系数在后工业化阶段又开始减小，最终该系数一般会小于0.6。丁翠翠（2015）研究了工业化对能源消费强度影响的动态效应后指出，随着工业化水平的提升，能源消费强度将先上升后下降。

第三节 非能源矿产资源消费的文献研究

一、工业化进程中非能源矿产资源消费的变化

Harper 等（2006）认为金属矿产资源对现代社会至关重要，人类对金属矿产资源的依赖不是一个新的现象，新的是人类提取、加工和使用金属矿产资源的速度和比率如此巨大，以至于20 世纪全球消费的金属矿产资源增加了近 19 倍。其中，金属铝在 1900—2005 年的消费量增加了 1000 多倍。随着科学技术的发展，工业生产中涉及的矿产资源种类也不断增多。比如，21 世纪生产的计算机芯片需使用 61 种化学元素，比 20 世纪 80 年代生产的仅包含 12 种化学元素的芯片多涉及了 49 种化学元素（National Research Council，2008）。Steinbach 和 Wellmer（2010）认为，与石油等能源矿产资源形成需要长时间的作用不同，金属矿产资源的消费过程只是金属元素存在形态的变化，即从存在于岩石圈形态向存在于工业产品形态转变，因此，金属矿产资源是完全可回收和可重复使用的。Wellington 和 Mason（2014）在对过去 40 多年全球矿产资源生产和消费情况进行分析后认为，全球不断增长的矿产储量能够满足日益增长的矿产需求。在新兴技术领域，清洁能源、技术创新及商业化是推动全球稀有矿产资源消费量增长的最重要因素。Buchert 等（2009）、Achzet 等（2011）分析新兴技术创新及产业应用对全球矿产资源供求形势的文献都强调，风力发电、太阳能光伏发电、核电、智能电网、电动汽车、高效照明、燃料电池等清洁能源技术的产业化对锂、铟、镓、锗、碲、钒等矿产资源，以及钇、镧、铈、镨、钕、钐、铕、钆、铽、镝等稀土元素已经形成持续而强劲的需求。

另外，部分学者对工业化过程中非能源矿产资源人均消费量变化进行了研究。陈其慎等（2013）通过对美国 54 个矿种 111 年来的消费历史进行深入分析后发现，美国有 46 个矿种遵循人均矿产资源需求的“S”形规律，具有同样用途与性质的矿产资源的人均消费量会在相近的时间达到

"S"形的顶点，且这些顶点对应的时间与拉动该矿产资源消费的相关产业增加值占制造业比重的顶点到来时间也一致。具体来说，钢、锰、铜、铅、锌、锡等初级冶金相关矿产在接近美国工业化中期时达到消费顶点，具体时间为1940—1955年；水泥、黏土、石膏、石棉、天然碱和沸石等建筑用非金属矿产在美国工业化中期达到消费顶点，具体时间为1950—1965年；银、汞、镉、锂、硒等电子产品相关矿产在美国工业化集中完成阶段达到消费顶点，具体时间为1965—1970年；镍、铬、钒、钴、铋、钨、钼、硅、碲等合金不锈钢涉及矿产在美国工业化完成时期达到消费顶点，具体时间为1970—1980年。这些均表明矿产资源的消费特征会随拉动其消费的产业的生命周期呈周期性变化，即矿产资源消费量会随拉动其消费的产业的发展而增长，也会随该产业的衰落而下降。人均金属消费与人均国内生产总值（GDP）呈"S"形曲线变化背后的含义是：人均金属消费量在工业化起飞阶段会随人均GDP的提高而增加；之后，随着人均GDP的继续增长，在工业化基本完成阶段，人均金属消费量将在达到峰值后缓慢下降；最终，金属消费总量表现出随人口总量增长而缓慢增长的特征。不过，由于不同金属性能及其在工业化不同阶段的作用不同，工业化进程中，不同金属的"S"形曲线具体特征（如起点、顶点、波长）不同（王高尚、韩梅，2002）。

二、非能源矿产资源消费驱动因素的影响测算

在非能源矿产资源消费驱动因素的影响测算方面，Stuermer（2013）搜集了比利时、法国、德国、芬兰、意大利、日本、韩国、荷兰、瑞典、西班牙、英国和美国12个经济体工业化进程中铝、铜、铅、锡和锌这5种金属矿产资源的消费数据（数据集时间跨度涵盖1840—2010年），进而构造出一个多国多时期非平衡面板数据集，接着以人均矿产资源消费量为被解释变量，矿产品价格与实际人均制造业增加值为解释变量建立了自回归分布滞后模型。其回归结果显示：估计出的铝和铜的制造业产出需求弹性分别为1.5与1，铅、锡和锌的制造业产出需求弹性远远低于1。这表明随

着工业化的推进，铝的需求会逐步增加，铜的需求会保持在一个稳定强度，铅、锡和锌等矿产品的使用强度则会随着时间的推移而下降；估计出的5种矿产品的长期价格需求弹性较低，这意味着技术进步并未给这5种矿产品找到较好的替代品，同时也表明上述矿产品对制造业相当重要；在所有回归中均存在长期关系，且估计出的这5种矿产品的需求调整速度都比较慢，铅、锡、锌的需求调整速度甚至超过10年以上。根据其研究结果，其还认为中国的工业化会导致铝的消费量随着制造业产出的增加而增加，铜的消费量以同制造业产出的比例增长，铅、锡和锌的消费量则会相对于制造业产出的增加而减少。Moss等（2011）指出许多金属是生产低碳技术的关键，随着需求的快速增长，全球有限的供应和对资源控制的竞争会进一步限制欧洲从外部获取这些金属，进而可能会延缓欧洲部署低碳技术。其利用情景分析法估计出欧洲在2030年部署6种低碳技术（核能、太阳能、风能、生物能源、碳捕获和储存电力网）时对每种金属的年需求量，预测结果显示，欧盟在2030年因部署上述6项技术对碲、铟、锡、银、铪、镝、镓、钕、镉、镍、钼、钒、铌、硒这14种金属矿产的需求会显著增加。

三、非能源矿产资源消费强度的变化机制

曹新元、王威（2006）从消费弹性和使用强度这两个角度出发对我国自新中国成立以来矿产资源集约利用水平进行研究。其研究结果表明：消除“二五”期间“大跃进”对消费的非正常影响后，在“一五”至“七五”期间，我国铜、锌、铅、钢等主要金属矿产资源的消费弹性系数表现出缓慢下降态势，不过，我国主要金属矿产资源的消费弹性系数在“八五”之后的15年时间里表现出大幅上升特征。王安建等（2010）在深入分析典型发展中国家（中国、巴西、印度等）、新兴工业化国家和地区（中国台湾、韩国、日本等）与先期工业化国家（美国、德国、法国、英国等）近200年的资源消费与经济发展情况后，提出了包括资源消费波次递进规律、资源消费强度倒“U”形规律与人均资源消费“S”形规律等

在内的资源需求理论体系。陈建宏等（2009）根据矿产资源需求生命周期理论，计算了1952—2007年我国历年矿产资源消费强度，分析我国工业化进程中各阶段矿产资源消费的基本特征，从时间效应方面看：与先行工业化国家相同，随着技术、资金的引进和管理体制的优化，以及消费结构的不断演进，我国非金属矿产资源的消费强度已呈倒“U”形，但金属矿产资源的消费强度尚未表现出明显的倒“U”形。不过，其认为中国金属矿产资源消费强度在工业化完成时也将呈现出明显的倒“U”形。

四、非能源矿产资源消费量的预测

鉴于矿产资源消费需求快速增长与资源有限性之间的矛盾日趋突出，部分学者对未来全球及中国矿产资源消费需求进行了预测。Douce（2016）指出，金属矿产资源是工业化与经济社会发展的物质基础，随着经济社会的发展，全球对金属矿产资源的需求将不断增加。王高尚与韩梅（2002）在深入分析工业化与矿产资源消费需求的相关关系、基本规律和模式的基础上，深入探讨了工业化进程中矿产资源消费从怎样的初始值通过什么样的方式到达多高的峰值，进而提取出工业化与矿产资源消费需求的模式参数，并据此对中国未来30年钢、铜、铝、锌等矿产资源的消费需求进行预测。其预测结果显示：2030年，中国人均钢消费量为160—170千克，铜为3.6—3.7千克，铝为6.8—10.1千克，锌为1.6千克。王安建等（2010）初步判断，未来20年中国矿产资源需求量巨大并将远远超过过去60年的总和，2015年后，以中国、印度、埃及等为代表的工业化国家会出现矿产资源需求高峰期的叠加，进而使世界矿产资源需求持续高涨。张晓佳等（2010）计算了长三角、珠三角、环渤海以及我国中、东、西部水泥、粗钢这两种矿产资源的人均消费量与消费总量，并在同样的人均GDP水平上分析了上述地区与发达国家这两种矿产资源消费差异。分析结果显示，东部地区粗钢、水泥的人均消费量即将到达峰值；中、西部地区粗钢、水泥消费峰值将在10年内到达。

任忠宝等（2012）在综合考虑经济发展、技术进步与人口结构变化等因素的基础上，采用 BP 神经网络和岭回归预测方法，对中国矿产资源需求的拐点与峰值进行了预测。其预测结果显示：我国钢铁需求峰值约为 8×10^8 吨，铜需求峰值约为 9×10^6 吨，这两种矿产资源的需求拐点均将在"十三五"时期出现；铝需求峰值处于 1.6×10^7—1.7×10^7 吨范围内，拐点将在"十二五"时期出现。国务院发展研究中心课题组（2014）指出，发达国家的工业化进程表明，人均矿产资源需求量在 7000—18000G－K 国际元阶段处于快速增长时期，因此，中国在 10—15 年内将步入人均矿产资源需求迅速增长阶段。综合考虑中国国内的矿产资源供求形势，今后中国的矿产资源保障难度将进一步加大。王高尚等（2017）的研究表明，工业化周期与经济周期均会对全球矿产资源消费周期产生重要影响，每一次全球矿产资源消费周期转换的背后都可以发现大国或国家集团工业化的身影。随着对全球铜、锌、钢、铅等矿产资源消费增长贡献率达到 80% 的中国进入工业化中后期阶段，经济增速由高速向中低速转换，资源消耗水平也将逐步降低，进而全球矿产资源低迷态势还将延续 3—5 年。王安建等（2017）同样指出，虽然由于中国经济进入新常态后对铝、铜、铅、锌、粗钢、水泥等矿产资源的需求下降，全球主要矿产资源消费增长的第二周期将在 2025—2030 年结束，但是随着东盟地区与印度经济的快速发展，全球矿产资源需求将进入消费增长的第三周期。

五、保障非能源矿产资源稳定供给的对策研究

由于矿产资源是不可再生的，自然界为人类提供的矿产资源是有限的，因此，未来矿产品的数量增长应当有限制（张文驹，2003）。我国人均矿产资源探明储量仅为世界平均水平的 58%，多数金属矿产的人均储量不足世界平均水平的 1/5。近年来，我国矿产资源消费量随着经济社会的快速发展而不断增长，这一方面使我国部分优势矿种因过度开发而耗竭过快，优势不再明显；另一方面也使得我国诸多短缺矿产面临的供需缺口进一步增大（贾文龙，2008）。国务院发展研究中心课题组（2014）指出，未来 10 年仍将是国内工业化加快推进期，矿产资源消费量将随工业化的加

速推进与经济的快速发展而迅速增加，国内矿产资源保障形势将越发严峻。虽然我国推行了一系列节能减排措施，并在积极推进经济发展方式转型，但经济结构中高耗能产业占比较大的现状短期内难以改变，今后矿产资源消费量的提高必将令我国资源保障形势进一步承压。智颖飙等（2010）也指出，我国主要矿产资源储量占世界总储量的比例较低，随着我国工业化步伐的加快，未来我国金属和非金属资源的保障形势不容乐观，结构性资源短缺将成为制约经济发展的瓶颈。其建议加快形成完整的国家自然资源安全综合保障体系，建立资源管理、贸易、回收、利用、消费、流通与保护战略。罗永国（1998）也指出矿产资源由于人类的不断开采而不断减少的发展趋势是不可改变的。因此，矿产资源的保障程度将会继续成为许多国家面临的最紧迫最复杂的问题，其建议通过实现矿产资源的多源化供应和发展先进技术集约利用矿产资源以保障矿产资源的稳定供给。路甬祥（2001）意识到科学技术不仅在资源开发和高效重复利用，还在新能源新材料的开拓上发挥着越来越重要的作用，因此仍需从科技进步中寻找解决未来资源供给短缺的答案。于宏源和邵律（2017）提出，为保障国内矿产资源的稳定供应，中国应充分利用国际国内“两个市场”和“两种资源”，对外强势实施“走出去”战略，对内大力发展“循环经济”。

第四节　本章小结

通过对矿产资源消费的文献进行梳理发现，国内外学者多是基于历史数据观察总结出资源消费波次递进规律、资源消费强度倒“U”形规律和人均资源消费与人均 GDP“S”形规律等矿产资源消耗规律；在定量研究方面，学者们较多地采用协整、误差修正模型与 Granger 因果检验等实证方法对矿产资源消费问题进行研究。相比非能源矿产资源的研究成果，国内外学者对能源矿产资源的研究成果更为丰富，这一方面是因为人类步入工业化社会以来，人类消费的能源矿产资源以煤炭、石油和天然气为主，这三种能源矿物的全球和国别数据较易获得；另一方面也是因为金属和非金属等矿产资源种类较多，和大宗矿产资源相比，许多种类的金属和非金属矿产资源年交易量和消费量较少，加之部分矿产资源数据涉及国家安全和国家机密，导致数据收集难度较大，进而较难开展实证研究。未来，可以考虑将性能、用途相近的矿种归为一类，并对代表性的金属和非金属矿产资源进行研究。此外，还可以通过拓展定量研究方法对矿产资源（特别是金属和非金属矿产资源）的消费问题进行研究。

第三章 理论基础

第一节 工业化阶段理论及划分标准

经典的工业化理论认为工业化的主要标志是经济结构转换与人均收入的提高，工业化是国家（地区）经济结构、人均收入随工业的发展发生连续变化的过程。因此，工业化具有渐进性、长期性的特点，是一个社会从低级阶段迈向高级阶段的过程，且不同工业化阶段表现出的特征也不尽相同。眼下，虽然工业化的相关理论已经相当成熟，但由于不同的学者与研究机构或从不同的理论、角度，或从不同的多国工业化实践过程中归纳工业化不同阶段的标准，使得目前尚未形成统一的工业化阶段判断标准。不过，由于能够从不同的方面反映出工业化过程中不同阶段的特征，这些划分方法仍被学者、研究机构及官方广泛采用。概括而言，就业结构、工业结构、产业结构与经济发展水平是这些划分方法判定工业化阶段的主要依据。本章主要对其中具有代表性的工业化阶段理论及划分标准进行介绍。

一、克拉克划分法

克拉克划分法也称“配第—克拉克定理”，因为这一划分法的思想源自英国古典经济学家威廉·配第（William Petty），并由英国经济学家和统计学家科林·克拉克（Colin G·Clark）首次对其进行了归纳与验证。克拉克在通过对40多个国家和地区不同时期三次产业间劳动投入产出数据进行统计分析的基础上，总结出一条规律性结论，即：随着一国人均收入的提高，劳动力先从第一产业向第二产业转移；当人均收入提高到一定水平后，劳动力又将从第二产业向第三产业转移。在此基础上，克拉克把工业发展划分成以农业为主、以工业为主和以服务业为主的三个阶段。

二、库兹涅茨划分法

在“配第—克拉克定理”的基础上，美国经济学家库兹涅茨以就业结构与产值结构为切入点对多国工业化进程进行实证研究，进而得出工业化过程可划分为5个阶段（见表3-1）的结论。即：第一阶段（工业化起点阶段），产值结构以第一产业为主，二、三产业占比较低；第二阶段（工业化初期阶段），产值结构中第一产业占比不断下降，第二产业占比快速攀升并高于第一产业，第三产业占比则缓慢上升；第三阶段（工业化中期阶段），产值结构中第二产业占比继续增加并成为经济结构中占比最大的部门，第一产业占比则减少到20%以下；第四阶段（工业化后期阶段），产值结构中第二产业占比在达到峰值后或维持稳定或略有降低，第一产业占比则减少到10%以下；第五阶段（后工业化阶段），产值结构中第三产业占比不断增加并取代第二产业成为经济结构中占比最大的部门，第二产业占比继续下降，第一产业占比维持在10%以下。

表3-1　　库兹涅茨工业阶段划分标准

工业化阶段	第一产业产值比重	第二产业产值比重	第三产业产值比重
工业化起点阶段	高于第二产业	低	低
工业化初期阶段	20%以上	高于第一产业	低
工业化中期阶段	20%以下	高于第三产业	低
工业化后期阶段	10%以下	高于第三产业	低
后工业化阶段	10%以下	低于第三产业	高于第二产业

资料来源：库兹涅茨．各国的经济增长［M］．商务印书馆，1985.

三、霍夫曼系数划分法

德国著名经济学家霍夫曼是较早对工业化阶段进行划分的经济学家，

其利用20个国家的有关数据，深入研究了制造业中资本资料工业与消费资料工业间的比例关系，在此基础上，其提出运用霍夫曼系数划分不同的工业化阶段，霍夫曼系数的表达式为：霍夫曼系数 = 消费资料工业净产值/生产资料工业净产值。为计算霍夫曼系数，霍夫曼依据产品用途将工业部门分为资本资料工业、消费资料工业与其他工业，具体分类标准为：生产的产品有75%以上为资本资料的行业称为资本资料工业，生产的产品有75%以上为消费资料的行业称为消费资料工业，无法据此进行分类的行业统称为其他工业。根据霍夫曼系数划分法，工业化过程可以被分成4个阶段（见表3－2）：第一阶段，资本资料工业在工业部门中地位非常低，消费资料工业是工业中的主导部门；第二阶段，消费资料工业作为工业中的主导部门，虽然其规模仍远大于资本资料工业，但增速远不及资本资料工业，因此，资本资料工业在工业部门中的地位逐步提高；第三阶段，资本资料工业规模不断增长至与消费资料工业大体相当的水平；第四阶段，资本资料工业规模继续增加，并取代消费资料工业成为工业中的主导部门。

表3－2　　霍夫曼工业阶段及指标

工业化阶段	霍夫曼系数范围	产业特征
第一阶段	5（±1）	消费资料工业占统治地位
第二阶段	2.5（±1）	消费资料工业规模仍大于资本资料工业
第三阶段	1（±0.5）	消费资料工业规模与资本资料工业大体相当
第四阶段	1以下	资本资料工业规模大于消费资料工业

资料来源：杨治．产业经济学导论［M］．中国人民大学出版社，1985.

四、钱纳里划分法

美国著名经济学家钱纳里和赛尔奎在库兹涅茨实证研究的基础上，运用多国模型深入研究了一系列国家（地区）工业化过程中各主要方面的基本关系，并据此提出了一套比较完整的工业化理论，其得出的重要结论之一是：一国（地区）工业产值在经济中的比重会随工业化的推进呈现先上升后下降的倒“U”形曲线变化，这也被称为库兹涅茨曲线。依据人均

GDP水平，钱纳里等人将经济发展分为6个阶段。其中，第一阶段与第二阶段的上半期合称为前工业化阶段，第二阶段下半期到第五阶段上半期合称为工业化实现阶段，第五阶段下半时期和第六阶段合称为后工业化阶段（见表3-3）。具体来看，前工业化阶段以生产初级工业品为主；工业化实现阶段又可进一步细分为工业化初期、工业化中期、工业化后期这3个时期，其中，食品、纺织等轻工业在工业化初期的产业结构中占比较高，水泥、钢铁等行业在工业化中期的产业结构中占比较大，装备制造等高加工度行业在工业化后期的产业结构中占比较大；进入后工业化阶段后，服务业将取代工业成为经济结构中占比重最大的部门。迄今为止，钱纳里等人对工业化的研究涵盖的时间跨度最长、涉及的国家最多，因此，钱纳里划分法具备很强的代表性，也是目前应用最为广泛的工业化阶段划分方法。

表3-3　钱纳里工业化不同阶段的人均GDP标志值　单位：美元/人

工业化阶段	钱纳里工业化不同时期的分级标准		
	1964年美元	1970年美元	1982年美元
前工业化阶段	100—200	140—280	364—728
工业化初期	200—400	280—560	728—1456
工业化中期	400—800	560—1120	1456—2912
工业化后期	800—1500	1120—2100	2912—5460
后工业化阶段	1500以上	2100以上	5460以上

注：1970年与1964年美元的换算因子为1.4，1970年与1982年美元的换算因子为2.6。

资料来源：钱纳里，等.工业化和经济增长的比较研究［M］.上海三联书店，2015.

五、综合指标法

工业化进程不同阶段的转变是一个综合的过程。在钱纳里划分法的基础上，综合指标法依据工业化经典理论，从工业结构、城镇化水平、经济发展水平、产业结构与就业结构等角度出发多维度地构建指标，进而对工业化各阶段进行综合分析（见表3-4）。目前，中国社会科学院工业经济研究所陈佳贵、黄群慧等人发展的综合指标法在国内比较有代表性，并得到了较为广泛的应用。综合指标法在一定程度上能够弥补钱纳里划分法的不足。因为该方法不仅能够比较全面地概括出工业化不同阶段的本质特征，而且还可以通过设计权重揭示各成分指标间与各分指标同工业化的关系。不过，由于综合指标法中的权重取自经验观察，具有一定的主观性与随意性，因此，该方法的精确性仍需实践检验与时间验证。

表 3－4　　综合指标法中采用的工业化不同阶段的标志值　　单位：美元/人

基本指标	前工业化阶段	工业化阶段			后工业化阶段
		工业化初期	工业化中期	工业化后期	
1. 人均 GDP（经济发展水平）					
1964 年美元	100—200	200—400	400—800	800—1500	1500 以上
1995 年美元	610—1220	1220—2430	2430—4870	4870—9120	9120 以上
1996 年美元	620—1240	1240—2480	2480—4960	4960—9300	9300 以上
2000 年美元	660—1320	1320—2640	2640—5280	5280—9910	9910 以上
2002 年美元	680—1360	1360—2730	2730—5460	5460—10200	10200 以上
2004 年美元	720—1440	1440—2880	2880—5760	5760—10810	10810 以上
2005 年美元	745—1490	1490—2980	2980—5960	5960—11170	11170 以上
2010 年美元	827—1654	1654—3308	3308—6615	6615—12398	12398 以上
2. 三次产业增加值结构（产业结构）	A > I	A > 20%，A < I	A < 20%，I > S	A < 10%，I > S	A < 10%，I < S
3. 制造业增加值占总商品增加值比重（工业结构）	20% 以下	20%—40%	40%—50%	50%—60%	60% 以上
4. 人口城镇化率（空间结构）	30% 以下	30%—50%	50%—60%	60%—75%	75% 以上
5. 第一产业就业人数占比（就业结构）	60% 以上	45%—60%	30%—45%	10%—30%	10% 以下

注：A 代表第一产业；I 代表第二产业；S 代表第三产业。

资料来源：陈佳贵，黄群慧，吕铁，李晓华，等．中国工业化进程报告（1995—2010）［M］．中国社会科学出版社，2012.

第二节　矿产资源消费的有关理论

一、环境库兹涅茨曲线理论

发展经济学家西蒙·库兹涅茨提出的用来分析分配公平程度与人均收入水平间关系的理论，被称为“库兹涅茨曲线”理论。这一理论认为，随着经济的增长，收入分配不公平程度将先上升后下降，即收入分配不公平程度与经济增长呈现倒“U”形曲线关系（Kuznet，1955）。Grossman 和 Krueger（1992）分析了部分工业化国家的有关数据后发现，二氧化硫、悬浮颗粒物等环境污染物的排放总量与经济增长的长期关系也呈现出到“U”形曲线关系，如图 3-1 所示。这和反映分配公平程度与人均收入水平间关系的“库兹涅茨曲线”形态一致。在人均收入较低时，国家（地区）的污染排放量较低，环境污染程度也较轻；之后，污染排放量随着人均收入的提高而增加，污染程度逐渐加深，生态环境不断恶化；接着，当人均收入进一步增加到一定水平后，污染程度随着人均收入的提高而不断减轻，生态环境不断改善。上述现象被称为“环境库兹涅茨曲线（EKC）”。许多利用多国数据进行的实证研究也为 EKC 提供了证据。

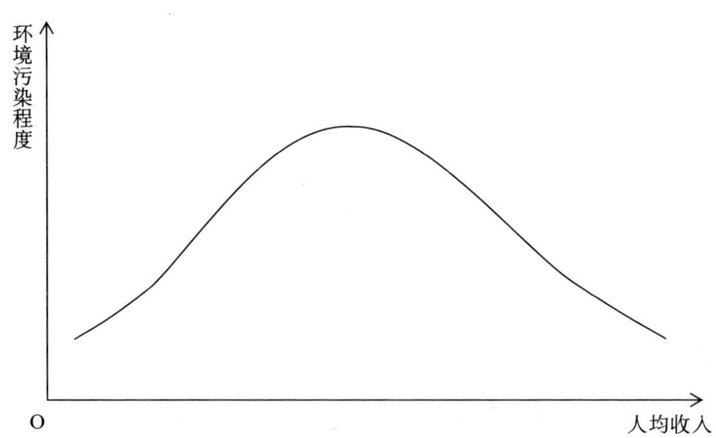

图 3-1　“环境库兹涅茨曲线”（EKC）示意图

资料来源：李世祥．中国工业化进程中的能源矿产消耗及其效率研究［M］．中国地质大学出版社，2010.

矿产资源与环境是密不可分的，矿产资源是人类社会发展的物质基础，也是工业化顺利推进的必要条件。工业化过程会消费大量矿产资源，同时也会产生环境污染问题。在前工业化社会，矿产资源开发利用程度较低，一般不存在环境恶化问题。进入工业化社会之后，矿产资源的大规模开发利用导致的环境问题逐渐成为社会发展的重要矛盾。这说明，环境问题与矿产资源开发利用是同一问题的两个方面，因此，工业化进程中，环境污染与单位 GDP 能耗均遵循“环境库兹涅茨曲线”的倒“U”形路径。虽然在工业化的不同阶段，矿产资源的重要程度因主导产业不同而存在差异，但是一般来说，在工业化进程中，一国对矿产资源的需求往往表现出“缓慢增长→快速增长→达到峰值→缓慢下降→趋于平稳”的轨迹，进而构成一个倒“U”形曲线，如图 3－2 所示。具体来说：在前工业化阶段，由于经济结构中农业占比远超工业，因此，一国对矿产资源需求相对较少，矿产资源消费水平很低；在工业化初期，随着人类开发利用资源的能力不断增强与国民经济中工业比重的上升，一国矿产资源需求开始增加；在工业化中期，随着工业比重的进一步上升与产业结构完成以轻工业为主向以重化工业为主的转变，一国矿产资源需求急剧增加并最终达到峰值；

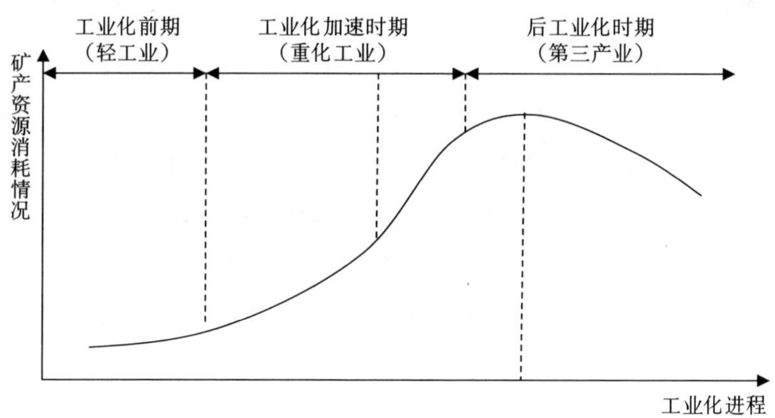

图 3－2 工业化不同阶段的矿产资源消耗

资料来源：李世祥．中国工业化进程中的能源矿产消耗及其效率研究［M］．中国地质大学出版社，2010.

步入工业化后期后，随着重工业在工业结构中比重下降与高技术产业在工业结构中开始占据主体地位，一国矿产资源需求步入下降轨道；到了后工业化阶段，受工业结构向高端升级及第三产业在国民经济中占据主体地位影响，一国对矿产资源的需求进一步下降并逐步维持在一个较低水平。

二、矿产资源消费需求生命周期理论

矿产资源消费需求生命周期理论的雏形最早可以追溯到 Harvey 和 Lowdon 在 1961 年发表的《自然资禀赋与区域开发》一文，该文首次提出了资源开发与工业化发展的阶段性理论。该理论认为，随着社会开发程度的提高与需求的变化，作为工业化物质基础的矿产资源在区域不同开发阶段的作用不完全相同。在 Harvey 和 Lowdon 研究的基础上，Malenbaum 以人均矿产资源消费量为切入点深入研究了美国矿产资源消费需求增长的长期变化，其发现矿产资源消费强度与区域开发程度和经济发展水平具有较强的相关性，且国家（地区）表现出的矿产资源消费与需求特征会受所处发展阶段的影响。之后，Malenbaum 在其出版的《1985—2000 年的世界矿产品消费》一书中明确指出，能源、金属等矿产资源的消费规律存在同一性。即：在工业化过程中，一国单位产值矿产资源消耗与人均 GDP 呈倒“U”形变化，人均矿产资源消费与人均 GDP 则呈现“S”形规律变化。据此，Malenbaum 首次提出了矿产资源消费的时间过程观念，又称为矿产资源消费生命周期的时间效应或马氏时间过程理论。随后，在 1990 年，Clark 和 Jeon 从全球主要国家矿产资源消费过程中表现出的具体差异入手，初步确定了工业化过程中矿产资源消费需求结构的基本类型和特征，并提出矿产资源消费的结构分类理论（简称克—杰分类理论），从而完善了矿产资源需求生命周期理论。由克—杰分类理论与马氏时间过程理论可知，空间定义域和时间定义域是矿产资源需求生命周期理论的两个基本组成部分。其中，时间定义域是指区域开发矿产资源消费需求生命周期的整个过程，如图 3 - 3 所示。马氏理论认为，这一过程由初始、增长、成熟和衰落 4 个阶段组成，并最终呈现出完整的倒“U”形态。图 3 - 3 中的横坐标表示人均

GDP 的增长水平，纵坐标表示矿产资源消费强度（以单位 GDP 产出所需的矿产资源投入为度量）。观察图 3－3 中曲线的变化过程可知，步入工业化社会后，随着人均收入的提高，矿产资源消费强度会经历一个“快速增长—平稳增长—增速减弱”的过程，最终呈现出倒“U”形态。

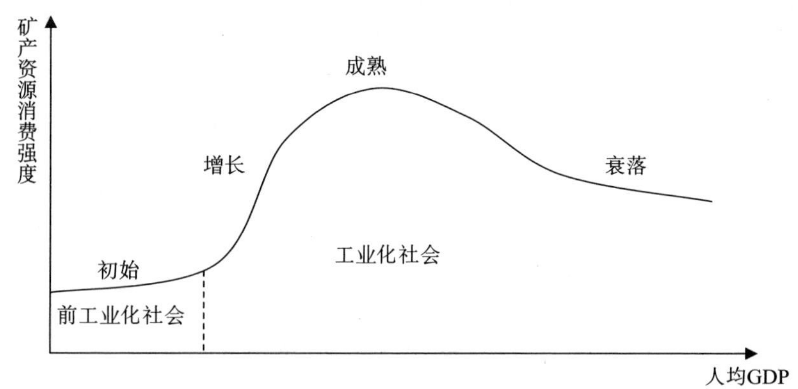

图 3－3 矿产资源消费需求生命周期变化框架（时间定义域）

资料来源：张雷．矿产资源开发与国家工业化［M］．商务印书馆，2004.

空间定义域是指在某一具体时间断面上，矿产资源消费生命周期过程的区域差异。即，由于不同区域之间社会经济发展水平存在差异，区域间矿产资源消费特征存在显著的异质性，而区域对矿产资源需求数量与需求质量的差异则是这一异质性的具体表现。从主导矿种出发，克—杰分类理论将不同区域开发阶段的矿产资源需求结构分成 3 类：第一类是以煤、锌、铁、锡、铜、铅等矿种为主的传统类型，第二类是以天然气、石油、锰、铝、钒、铬、镍等矿种为主的现代类型，第三类是以稀土、锗、钛、钴、铂、铀等矿种为主的新兴类型。一般来说，工业化初期主要依赖传统类型的矿种；当工业化步入技术比较发达的成熟阶段后，区域开发主要消费现代类型的矿种；随着工业化迈进技术先进与经济结构多样化的阶段，新兴类型的矿产才会逐渐进入应用范围。如图 3－4 所示，考察世界范围内的区域开发历程可以发现，处于不同发展阶段的发达国家、中等发达国家与发展中国家表现出的矿产资源消费特征恰好符合上述 3 类划分标准。

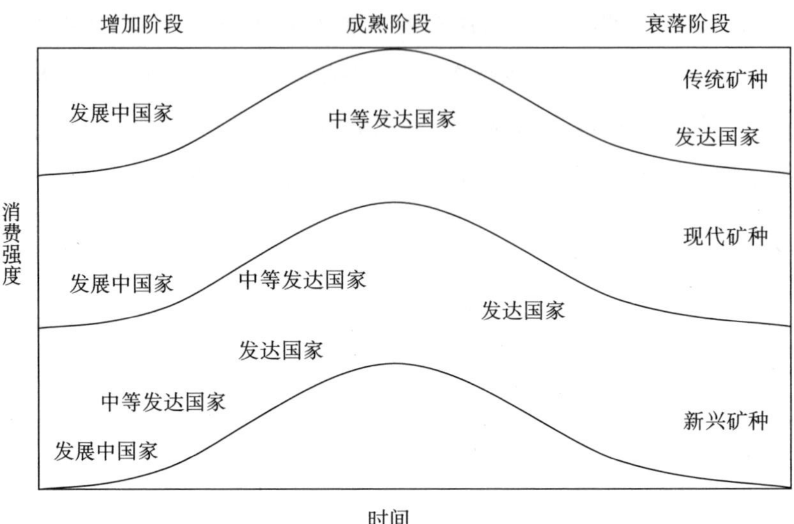

图 3－4 矿产资源消费需求生命周期的空间结构特征

资料来源：张雷．矿产资源开发与国家工业化［M］．商务印书馆，2004.

此外，随矿产资源需求生命周期变化而变化的还有矿产资源的地域供应范围。具体来说，随着开发程度的提高，区域生产结构日益先进，矿产资源消费结构越发高级，在矿产资源空间分布不均衡的情况下，矿产资源地域供应范围不断变广，最终导致矿产资源对外依存度不断增加。

三、矿产资源最优耗竭理论

在经济学意义上的自然资源分类中，矿产资源属于可耗竭性资源中的不可更新资源。不可再生性是矿产资源的主要特征之一。从矿产资源的自然属性上来说，不可再生性主要表现在被消耗后，矿产资源的物质形态就永远消失，并无法在同一地理空间上再次形成同种资源。最优耗竭理论是关于不可更新资源最优耗用速度和条件的理论。该理论认为，最佳流量条件与最佳存量条件是矿产资源处于最优耗竭状态的两个必备条件。其中，最佳流量条件也称最佳开采条件，指资源影子价格与边际成本的和等于其市场价格；最佳存量条件也称 Hotelling（霍特林）定律，指任意时点上资源的机会成本为零，即矿区使用费的增速与利率增速相等。

1931 年，美国数理经济学家 Hotelling（霍特林）在美国《政治经济学》杂志上发表的“可耗竭资源的经济学”是有关资源最优开采率的经典文献。霍特林在该文献中指出，在开采成本固定与完全竞争的前提下，最优耗竭条件是资源价格与开采成本之差（租）的增长率等于利率。不过，随着开采成本与资源租的增加，矿产品市场价格的提高会使矿产品需求下降。按照最优耗竭率，需求降低为零时资源全部耗尽，生产停止。上述结论就是为矿产资源经济学奠定坚实基础的霍特林定律。之后，一些研究在不同程度上进一步丰富与完善了矿产资源最优耗竭理论。Solow（1974）采用替代弹性大于 1 的罗尔斯社会福利函数，用经济模型从理论上对最优耗竭率进行论证。Dasgupta 和 Heal（1979）创立了一个简单、有效的资源最优耗竭率决定模型，他们认为资源最优耗竭条件受以下 3 方面因素影响：一是资源是否是生产消费品的必要投入要素；二是科学技术能否为资源找到替代品从而使其不再是生产消费品的必要投入要素；三是发现新资源、资本与资源间的替代性是否存在不确定性。Schmidt（1988）放宽了 Hotelling 模型对矿产储量、替代技术与需求偏好的假设后发现，消费偏好的变化、矿产储量的增加、技术进步与垄断势力都会影响矿产资源最优耗竭率。

四、工业化资源路线理论

金碚（2008）对工业化的资源路线进行了研究，其认为从全球范围看，近两三百年来人类社会发展的主要表现是从西欧到西欧移民国家、再到亚洲、最后逐渐扩展到世界各国的工业化过程，而工业化的本质是在日益进步的科技支持下，人类通过大规模深度开发利用自然资源以满足不断增长的经济和社会发展需要。工业化生产的这一本质进一步决定了工业化生产对矿产资源的先天依赖性，因此，作为人类经济社会发展主要标志的工业化，其演进的历史也是不断深入开发利用矿产资源的历史。在工业化进程中，资源技术路线——对自然资源进行开发利用的基本原理、路径机理与技术特征，是工业技术路线的实质。工业化资源路线的形成具有客观必然性，是人类社会发展难以逾越的必经发展阶段。迄今为止，工业化进程所遵循的资源路线仍在大多数发达国家中延续，未来随着更多的发展中国家走上工业化之路，工业化资源路线必将在全球更大范围内扩展和强化。

从发展机理来看，工业化是经济发展过程，包括工业发展、人均收入的增加和经济结构的转换。同时，工业化也是一个对自然资源大规模深度开发利用的过程。开发利用自然资源并将其制造成能满足人们需要的产品是工业生产，让工业生产在人类社会中占主导地位的社会发展过程则是工业化。因此，工业化过程需要消耗大量的自然资源，而工业化的技术路线往往会选择地球上储量丰富且开发难度较低的资源。其中，能源矿产资源、金属矿产资源、土地、非金属矿产资源、水资源等都是工业化所必需的基础资源。迄今为止，对工业生产最具重要意义的依旧是矿物资源，而用于工业生产的矿物原材料来源广泛，从动植物、泥土（水泥、陶瓷、石砖）到金属矿物（铁矿石、铝、铜以及其他有色金属）与废金属原料再到以天然气、石油等为原料的各种材料……从工业化的技术路线看，工业化过程在创造财富的过程中需要消耗大量的资源，与此同时，工业化过程又能以更高效的资源利用率更大程度地节约资源；工业化是一个将无限供应、没有经济价值的物质转变成具有稀缺性与经济价值的资源的过程，工业发达的表现之一就是资源价格上升，不过这也是促进技术进步的风险表现；工业的大规模开发利用的确会耗尽部分可耗竭资源，但是要想获得持续的资源供应唯有依赖发达的工业生产与工业技术。另外，资源物质形态的转化是工业生产的本质，运用勘探、开采、选冶、加工等工业活动能有效加深对自然的利用程度，从而提高实际资源供应水平。即工业能够在一定程度上创造资源工业，因而资源供应量不会成为制约工业发展的绝对障碍，工业发展在本质上也是可持续的。

该理论还认为地球上所谓的“资源”不是天生的，“资源”本质上是为了满足生产活动的需要，并由生产活动所创造，尤其是人类社会步入工业化时代后，所有的“资源”几乎全由工业生产活动与工业需求所创造。

即所谓的“资源”是相对于人类生产活动尤其是工业生产活动来说的。因此，地球上的物质本身并没有简单的“资源”与“废物”之分，所有“废物”在工业足够发达的情况下都可以变成“资源”。所以，工业资源路线、技术路线与发达水平是资源问题的实质。

五、经济增长中的资源约束理论

自从马尔萨斯提出关于人口增长同资源有限性的关系可能导致严重后果的论断后，学界逐渐认识到土地与自然资源在经济持续增长中发挥着不可或缺的作用，罗马俱乐部在20世纪中期甚至指出上述因素会导致经济“零增长”。因此，将环境因素与资源纳入对经济增长的分析中去显得非常必要。大卫·罗默通过在经典的索洛模型中引入土地与自然资源的方式来考察土地与其他自然资源对经济增长的影响。具体来说，罗默将土地与自然资源引入柯布—道格拉斯生产函数后，生产函数的具体形式变为：

$$Y(t)=K(t)^{\alpha}R(t)^{\beta}T(t)^{\gamma}[A(t)L(t)]^{1-\alpha-\beta-\gamma} \quad (3.1)$$

$\alpha>0$，$\beta>0$，$\gamma>0$，$\alpha+\beta+\gamma=1$

其中，T表示用于生产的土地数量，R表示用于生产的自然资源。劳动效率、资本与劳动的动态变化与经典索洛模型相同，即：

$\dot{K}(t)=sY(t)-\delta K(t)$，$\dot{L}(t)=nL(t)$，$\dot{A}(t)=g(A)(t)$

其中，s代表储蓄率，δ表示资本折旧率，n为劳动增长率，g表示技术进步增长率。考虑到全球土地资源是固定的，因此长期上看，生产函数中的土地使用量不会增长，故假设：

$\dot{T}(t)=0$

同样，由于资源禀赋是固定的，生产过程又会不断消耗资源，因此资源的使用量最终会下降。基于这一点，尽管历史数据中资源的使用量一直上升，但该理论仍然假设：

$\dot{R}(t)=-bR(t)$，$b>0$

根据假设，A、L、R和T都分别以固定的比率增长，因此平衡增长路径要求K和Y也以不变的比率增长。资本的运动方程$\dot{K}(t)=sY(t)-\delta K(t)$表明，K 的增长率是：

$$\frac{\dot{K}(t)}{K(t)} = s\frac{Y(t)}{K(t)} - \delta \tag{3.2}$$

因此，Y/K 维持不变是 K 的增长率保持不变的必要条件，这意味着 Y 与 K 的增长率必须相等。根据生产函数（3.1），我们可以找出上述结果在什么情况下会出现，对式（3.1）两边取对数可得：

$$\ln Y(t) = \alpha\ln K(t) + \beta\ln R(t) + \gamma\ln T(t) + (1-\alpha-\beta-\gamma)[\ln A(t) + \ln L(t)]$$

在上式的左右两端分别对时间取微分，根据变量对数后的时间导数等于变量的增长率这一事实进一步可得：

$$g_Y(t) = \alpha g_R(t) + \beta g_R(t) + \gamma g_T(t) + (1-\alpha-\beta-\gamma)[g_A(t) + g_L(t)] \tag{3.3}$$

其中，g_X 为 X 的增长率，而 R、T、A 和 L 的增长率分别为 -b、0、g 和 n。式（3.3）可继续简化为：

$$g_Y(t) = \alpha g_K(t) + \beta b + (1-\alpha-\beta-\gamma)[n+g] \tag{3.4}$$

现在我们可以使用前面的结果，即经济处于平衡增长路径上时，g_Y 必须等于 g_K，

将 $g_Y = g_K$ 代入式（3.4）并求解 g_Y 可得：

$$g_Y^{bgp} = \frac{(1-\alpha-\beta-\gamma)[n+g] - \beta b}{1-\alpha} \tag{3.5}$$

其中，g_Y^{bgp} 表示平衡增长路径上 Y 的增长率。

上述分析省略了一个很重要的步骤，即我们没有确定经济是否会有收敛的增长路径。根据式（3.4）可知，如果 g_K 超过其平衡增长路径值，则 g_Y 也会超过，但不会有 g_K 超过那么多，也就是说，如果 g_K 超过其平衡增长路径值，则 Y/K 会下降。而式（3.2）说明，g_K 等于 s(Y/K)，因此，如果 Y/K 下降，则 g_K 也会随之下降。同样地，如果 g_K 低于其平衡增长路径值，它也会有上升趋势，通过上述分析可知，g_K 的确收敛于其平衡增长路径值，经济也收敛于平衡增长路径值。

式（3.5）说明，在平衡增长路径上，单位劳动力平均产出的增长率为：

$$\begin{aligned} g_{Y/L}^{bgp} &= g_{Y}^{bgp} - g_{L}^{bgp} \\ &= \frac{(1-\alpha-\beta-\gamma)(n+g)-\beta b}{1-\alpha} - n \\ &= \frac{(1-\alpha-\beta-\gamma)(n+g)-\beta b-(\beta+\gamma)n}{1-\alpha} \end{aligned} \quad (3.6)$$

式（3.6）表明，单位劳动力平均产出的增长率在平衡增长路径上可正可负。单位劳动力平均产出的增长率为负意味着，资源与土地的限制会导致单位劳动力平均产出降低。不过，现实中经济增长的事实并不一定如此。虽然单位劳动力平均资源和单位劳动力平均土地数量不断下降会对经济增长产生制约，但还存在技术进步这一推动经济增长的动力。只要资源和土地制约对经济增长产生的阻力小于技术进步对经济增长的推力，那么可持续的单位劳动力平均产出增长仍是可能的，这恰好为现实中的经济增长事实。

第三节 本章小结

目前，工业化的相关理论已经相当成熟。考虑到工业化具有渐进性、长期性的特点，是一个社会从低级阶段迈向高级阶段的过程，且不同工业化阶段表现出的特征也不尽相同，不同的学者与研究机构或从不同的理论、角度，或从不同的多国工业化实践过程中归纳工业化不同阶段的标准。目前，比较有代表性的工业化阶段理论划分标准包括克拉克划分法、库兹涅茨划分法、霍夫曼系数划分法、钱纳里划分法与综合指标法。与此同时，虽然学界已经提出包括环境库兹涅茨曲线理论、矿产资源消费需求生命周期理论、矿产资源最优耗竭理论、工业化资源路线理论、经济增长中的资源约束理论等有关矿产资源消费的理论，但与高度成熟的工业化理论相比，有关矿产资源消费的理论在代表性、认可度与理论深度等方面还有待进一步提高。

第四章 工业化进程中金属矿产资源消费的国际比较

经典的工业化理论认为，工业化是一国（地区）人均收入、经济结构随着工业发展而发生连续变化的过程，人均收入的增长和经济结构的转换是工业化推进的主要标志。具体而言，工业化主要表现为：（1）国民收入中制造业活动所占比例逐步提高，乃至占主导地位；（2）制造业内部的产业结构逐步升级，技术含量不断提高；（3）在制造业部门就业的劳动人口比例增加；（4）城市这一工业发展的主要载体数量不断增加，规模不断扩大，城市化率不断提高；（5）全社会人均收入不断增加。因此，根据经典工业化理论，一般可以从经济发展水平、产业结构、工业结构、就业结构和空间结构等方面来衡量一个国家（地区）的工业化水平。

不过，鉴于一国工业产出的比重和工业内部结构的变动往往受到该国经济发展战略、宏观产业政策与结构导向机制（市场或计划）等因素影响，以此作为指标反映一国工业化进程将包含一定的主观因素。因此，为了尽可能在客观的基础上对工业化进程中金属矿产资源消费问题进行研究，并综合考虑指标的可行性、代表性与可比性，本章采取人均 GDP 作为衡量各国工业化进程的唯一指标，具体划分阶段与标准见表 4－1。另外，本章基于两个原则选取工业化进程中金属矿产资源消费问题研究的样本国家：一是已完成工业化的国家，这些国家的金属矿产资源消费往往经历了快速增长—峰值—平缓的较完整变化过程；二是考虑到不同国家（地区）工业化进程存在差异，样本国的选取需要在具备代表性的同时，又能够覆盖全球主要区域。据此，本章选取美国、英国、法国、德国与中国作为研究工业化进程中金属矿产资源消费问题的样本国。另外，由于金属矿产资源种类较多，且不同的金属矿产资源在国家工业化过程中扮演的角色和重要性不同。因此，本章基于矿种重要性、代表性与数据的可得性等原则选取铅、铜、锌、锡、铁、铝（用氧化铝数据表示）这 6 种矿产资源对工业化进程中金属矿产资源消费问题进行研究。

表 4－1　　本书选取的工业化划分标准　　单位：美元/人

工业化阶段	钱纳里的不同时期工业化分级标准			郭克莎（2004）	本书所采用标准
	1964 年美元	1970 年美元	1982 年美元	1996 年美元	2010 年美元
前工业化阶段	100—200	140—280	364—728	620—1240	818—1636
工业化初期	200—400	280—560	728—1456	1240—2480	1636—3273
工业化中期	400—800	560—1120	1456—2912	2480—4960	3273—6547
工业化后期	800—1500	1120—2100	2912—5460	4960—9300	6547—12276
后工业化阶段	1500 以上	2100 以上	5460 以上	9300 以上	12276 以上

注：2010 年与 1996 年的转换因子为 1.32，根据美国经济调查局提供的美国 GDP 缩减指数推算。

资料来源：钱纳里，等. 工业化和经济增长的比较研究［M］. 上海三联书店，2015；陈佳贵，黄群慧，吕铁，李晓华，等. 中国工业化进程报告（1995—2010）［M］. 中国社会科学出版社，2012.

第一节　美国工业化进程中的金属矿产资源消费

一、矿产资源消费量保持倒“U”形曲线关系

在工业化过程中，美国铅、铜、锌、锡、铁矿石、氧化铝等矿产资源的消费量基本都表现出先上升后下降的倒“U”形变化（见图 4－1、图 4－2）。具体来看，除了大萧条时期，铅、铜、锌、锡、铁矿石等矿产资源消费量出现意外下降外，其他时期，铅、铜、锌、锡、铁矿石的消费量均经历了先稳步上升—到达峰值—逐步下降到稳定水平的过程。其中，1900—2014 年，铅的消费量从 1900 年的 25.3 万吨逐渐增加到 1999 年的峰值 176 万

吨，2010 年之后，铅的年消费量基本保持在 150 万吨水平上下波动；铜的年消费量在 1900 年时仅为 16.6 万吨，经过 100 年的工业化实践后，铜的年消费量在 2000 年达到最大值 302 万吨，随后迅速下降，最终稳定在年消费 180 万吨水平；锌的消费量同样先是从 1900 年的 9.02 万吨增加到 1999 年最大消费水平 143 万吨，之后，锌的消费量就开始逐渐下降，最终稳定在 90 万吨水平左右；锡的消费量在 1900 年仅为 3.17 万吨，到了 1950 年达到峰值 13.9 万吨，随后，锡的年消费量就进入了缓慢下降通道，并最终稳定在目前 4 万吨水平；铁矿石的消费量先是从 1900 年的 2890 万吨增加到 1954 年的峰值水平 14500 万吨，随后，在 25 年的时间里，铁矿石年消费量均处于 10000 万—12500 万吨，直到 1980 年跌破 10000 万吨后，铁矿石消费量开始逐步下降，并最终稳定在 5000 万吨水平。在 1955—2014 年，氧化铝的年消费量从 1955 年的 290 万吨增加到 1980 年的 992 万吨，接着，氧化铝的年消费量就开始波动下降，并最终维持在 400 万吨年消费量水平。

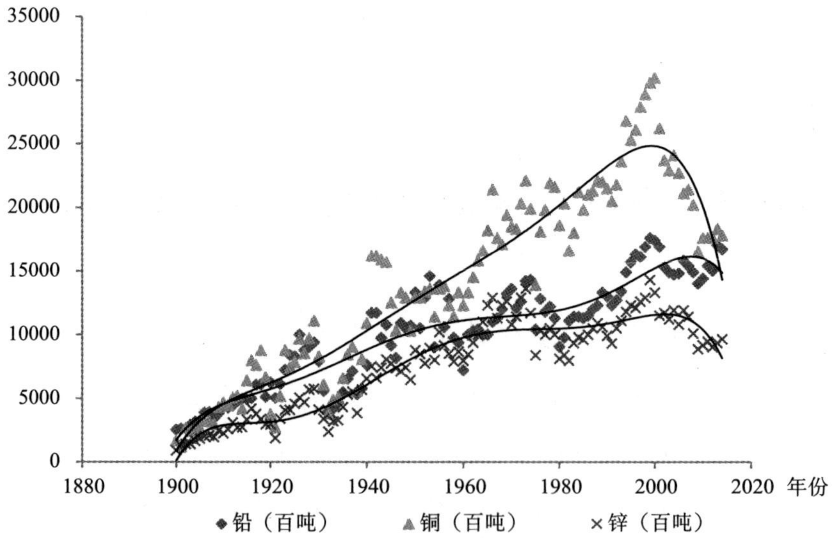

图 4－1　1880—2020 年美国铅、铜、锌消费量

资料来源：铅、铜、锌消费数据来自美国地质调查局。

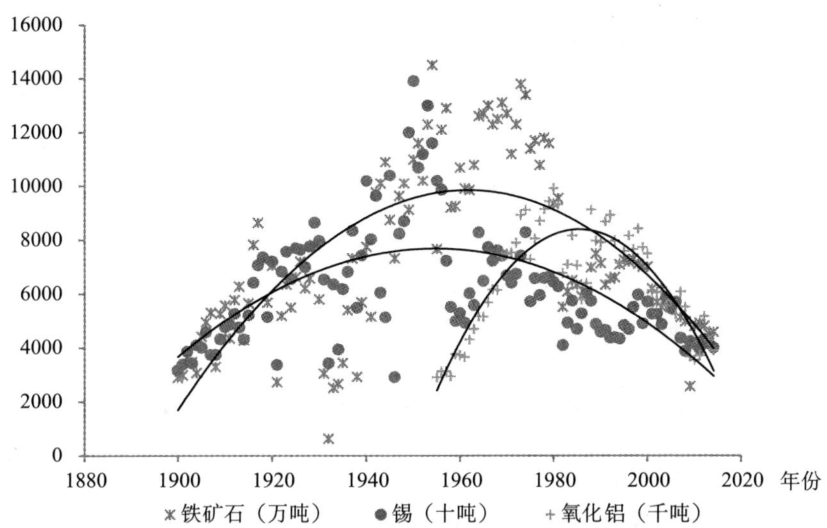

图 4－2　1880—2020 年美国铁矿石、锡、氧化铝消费量

注：氧化铝数据范围为 1955—2014 年。

资料来源：锡、铁矿石、氧化铝消费数据来自美国地质调查局，实际人均 GDP 数据来自美国经济分析局（BEA）。

总之，从矿产资源消费总量看，随着工业化的推进，美国铅、铜、锌、锡、铁矿石、氧化铝等矿产资源的消费量均呈现出倒“U”形变化，且这 6 种矿产资源消费总量均在后工业化阶段到达峰值水平（见表 4－2）。具体来看，1900—2014 年，铅、铜与锌这 3 种矿产资源的消费特征比较相似，到达消费量峰值的时间与所对应的人均 GDP 水平也比较接近；同样的，锡和铁矿石的消费总量特征也比较相近。

表 4－2　1900—2014 年美国 6 种金属矿产资源消费量峰值参数

矿种	消费量峰值	消费量峰值时间	人均 GDP 2010 年美元	对应的工业化阶段
铅	176 万吨	1999 年	47424 美元	后工业化阶段
铜	302 万吨	2000 年	45018 美元	后工业化阶段
锌	143 万吨	1999 年	47424 美元	后工业化阶段
锡	13.9 万吨	1950 年	14575 美元	后工业化阶段

续表

矿种	消费量峰值	消费量峰值时间	人均 GDP 2010 年美元	对应的工业化阶段
铁矿石	14500 万吨	1954 年	15935 美元	后工业化阶段
氧化铝	992 万吨	1980 年	28671 美元	后工业化阶段

注：氧化铝数据范围为 1955—2014 年。

资料来源：铅、铜、锌、锡、铁矿石、氧化铝消费数据来自美国地质调查局，实际人均 GDP 数据来自美国经济分析局（BEA）。

二、人均矿产资源消费量与人均 GDP 呈“M”形或倒“U”形

由图 4－3 中拟合的散点图可以看出，美国在工业化进程中，人均矿产资源消费量与人均 GDP 呈“M”形或倒“U”形。即随着人均 GDP 的增加，铅、铜、锌的人均消费量经历了增加—下降—又上升—再下降的过程；锡、铁矿石、氧化铝的人均消费量则随人均 GDP 的增加而呈现先增加、后下降、最终趋于稳定的变化。具体来看，铅、铜、锌的人均消费量都在人均 GDP 约为 10000 美元时开始迅速增加，并在人均 GDP 分别为 16310 美元、11312 美元、21824 美元时达到峰值，相应的峰值水平人均矿产资源消费量分别为 9.15 千克/人、12.14 千克/人、6.56 千克/人，随后这三种矿产资源的人均消费量第一次迈过由升转降的拐点，在经历了一个比较缓和的下降—维稳—上升过程后，这三种矿产资源的人均消费量继续下降，然后保持在 4.5—5 千克/人，5.4—5.7 千克/人与 2.9—3.3 千克/人；锡、铁矿石的人均消费量同样在人均 GDP 约为 10000 美元时开始加速上升，并在人均 GDP 分别为 14575 美元、15935 美元时达到峰值，相应的峰值水平人均矿产资源消费量为 916 克/人与 893 千克/人，随后迈过由升转降的拐点，最终两者的消费量维持在 130—180 克/人与 140—280 千克/人；氧化铝的人均消费量则在人均 GDP 约为 16700 美元时开始迅速攀升，并在人均 GDP 为 28671 美元时达到 43.56 千克/人的峰值消费水平，然后开始逐步下降，并最终维持在 12 千克/人的消费水平。

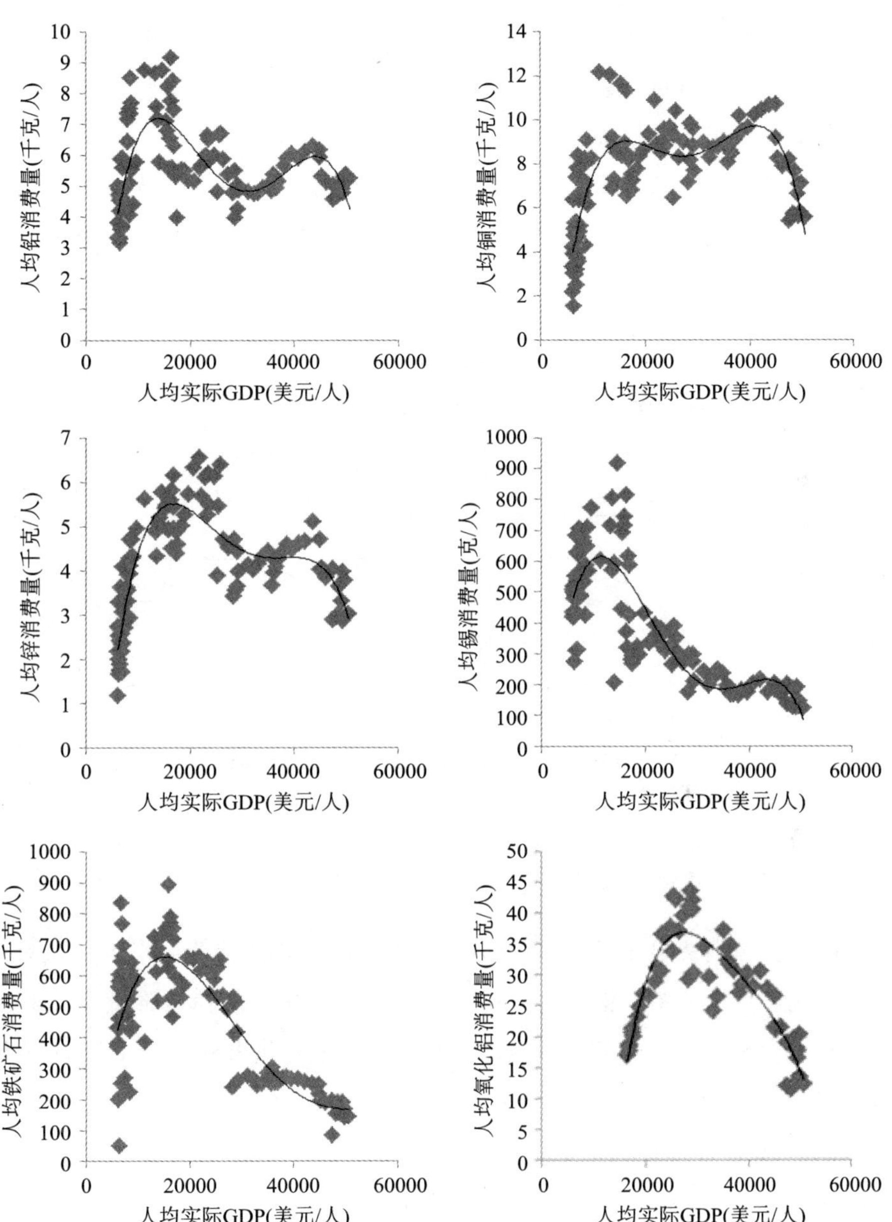

图 4－3　1900—2014 年美国 6 种金属矿产资源人均消费量与人均 GDP 关系曲线

注：氧化铝数据范围为 1955—2014 年。

资料来源：铅、铜、锌、锡、铁矿石、氧化铝消费数据来自美国地质调查局，实际人均 GDP 数据来自美国经济分析局（BEA）。

综上所述，美国工业化进程中，铅、铜、锌、锡、铁矿石、氧化铝等矿产资源人均消费量与人均 GDP 呈“M”形或倒“U”形。从人均矿产资源消费量峰值水平看（见表 4－3），铜的人均消费量在工业化后期达到峰值，铅、锌、锡、铁矿石、氧化铝的人均消费量则都在后工业化阶段达到峰值。另外，随着人均 GDP 水平的提高，铅、锡、铁矿石的人均消费量特征较为相似。

表 4－3　1900—2014 年美国 6 种金属矿产资源人均消费量峰值参数

矿种	人均消费量峰值	人均消费量峰值时间	人均 GDP	对应的工业化阶段
铅	9.15 千克/人	1953 年	16310 美元	后工业化阶段
铜	12.14 千克/人	1941 年	11312 美元	工业化后期
锌	6.56 千克/人	1966 年	21824 美元	后工业化阶段
锡	916.38 克/人	1950 年	14575 美元	后工业化阶段
铁矿石	892.91 千克/人	1954 年	15935 美元	后工业化阶段
氧化铝	43.56 千克/人	1980 年	28671 美元	后工业化阶段

注：氧化铝数据范围为 1955—2014 年。

资料来源：铅、铜、锌、锡、铁矿石、氧化铝消费数据来自美国地质调查局，实际人均 GDP 数据来自美国经济分析局（BEA）。

三、矿产资源消费强度呈倒“U”形

矿产资源消费强度通过单位 GDP 所需的矿产资源消费量来表示。对美国工业化进程中，铅、铜、锌、锡、铁矿石、氧化铝的消费强度变化特征进行研究发现，每一种矿产资源的消费强度均呈现出先上升后下降的倒“U”形形态，如图 4－4 与图 4－5 所示。其中，铅、铁矿石、铜、锌、锡分别在 1926 年、1917 年、1918 年、1916 年与 1917 年达到峰值水平 1.01 克/GDP、1.24 百克/GDP、1.16 克/GDP、0.58 克/GDP 与 1.02 百毫克/GDP，随后这 5 种矿产资源的消费强度进入下降通道，并最终分别稳定在 0.1—0.13 克/GDP、0.029—0.034 百克/GDP、0.11—0.14 克/GDP、0.058—0.062 克/GDP 与 0.024—0.029 百毫克/GDP；氧化铝的消费强度从 1955 年的 1.05 克/GDP 增加到 1974 年的峰值水平 1.67 克/GDP 后，同样进入下降通道，最终，氧化铝的消费强度维持在 0.24—0.4 克/GDP。

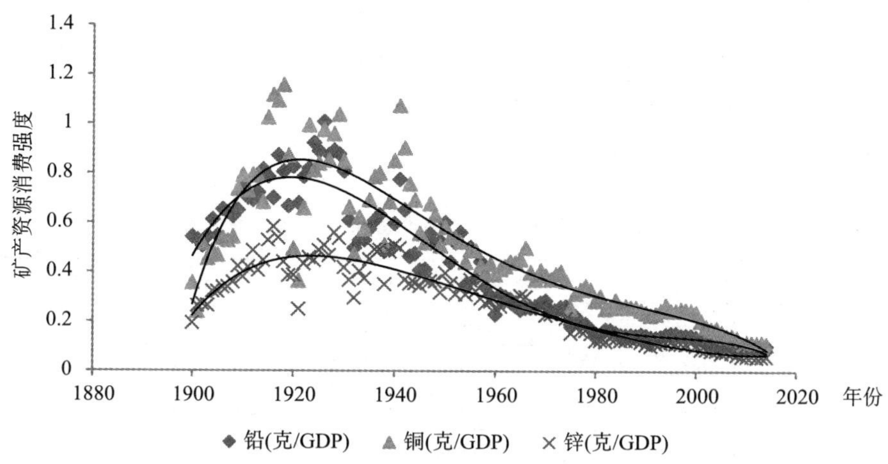

图 4－4　1880—2020 年美国铅、铜、锌强度

资料来源：铅、铜、锌消费数据来自美国地质调查局，GDP 数据来自美国经济分析局（BEA）。

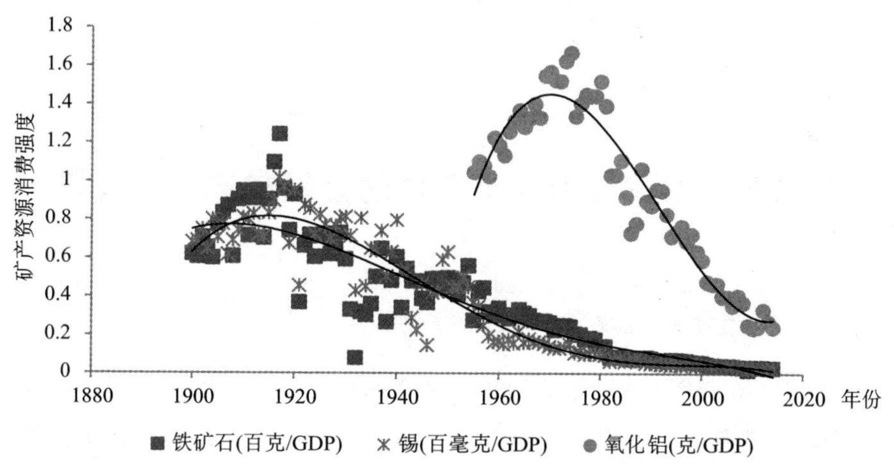

图 4－5　1880—2020 年美国铁矿石、锡、氧化铝消费强度

注：氧化铝数据范围为 1955—2014 年。

资料来源：锡、铁矿石、氧化铝消费数据来自美国地质调查局，GDP 数据来自美国经济分析局（BEA）。

总之，从矿产资源消费强度水平看，随着工业化的推进，美国铅、铜、锌、锡、铁矿石、氧化铝等矿产资源的消费强度变化趋势基本保持倒

"U"形形态。从矿产资源消费强度峰值水平看（见表4－4），美国氧化铝的消费强度在后工业化阶段达到峰值，铅、铜、锌、锡、铁矿石的消费强度则都在工业化后期达到峰值。另外，从矿产资源消费强度到达峰值时所处的时间与人均GDP水平看，美国铜、锌、锡、铁矿石的消费强度特征比较相似。

表4－4　1900—2014年美国6种金属矿产资源消费强度峰值参数

矿种	消费强度峰值	消费强度峰值时间	人均GDP	对应的工业化阶段
铅	1.01克/GDP	1926年	8453美元	工业化后期
铜	1.16克/GDP	1918年	7249美元	工业化后期
锌	0.58克/GDP	1916年	6993美元	工业化后期
锡	101.7毫克/GDP	1917年	6722美元	工业化后期
铁矿石	124.28克/GDP	1917年	6722美元	工业化后期
氧化铝	1.67克/GDP	1974年	25535美元	后工业化阶段

注：氧化铝数据范围为1955—2014年。

资料来源：铅、铜、锌、锡、铁矿石、氧化铝消费数据来自美国地质调查局，实际人均GDP数据来自美国经济分析局（BEA）。

第二节　英国工业化进程中的金属矿产资源消费

一、矿产资源消费量大致保持倒"U"形

由图4－6与图4－7可以看出，1970—2014年，英国铅、铜这两种矿产资源的消费量基本都保持先上升后下降的倒"U"形趋势，氧化铝的消费量则呈现出"M"形，铁矿石、锡、锌消费量则呈现出从前期高点不断下降的趋势。具体来看，这一时期，铅的消费量先从1970年的19.05万吨逐渐增加到1993年的峰值59.88万吨，随后，铅的年消费量迈过由升转降的转折点，2009年之后，铅的年消费量基本维持在11.5万—17.1万吨水平。铜的年消费量从1970年的32.19万吨迅速增加到1977年的峰值消费量52.17万吨，之后，铜的消费量不断下降，进入2010年之后，铜的消费

量基本处于 4.5—7.7 千吨。氧化铝的年消费量先是从 1970 年的 41.61 万吨增加到 1980 年的 89.82 万吨，接着，氧化铝的年消费量就开始波动下降，但是在 2002—2006 年，氧化铝的消费量又再次达到 80 万吨以上的年消费量水平，之后，氧化铝的年消费量急剧下降，并暂时稳定在 4.71 万—6.52 万吨的消费水平。铁矿石、锡、锌消费量均呈现出从 1970 年的消费高点不断下降的趋势。其中，铁矿石与锌的下降趋势相对平缓，锡的下降趋势则相对较为剧烈。之所以铁矿石、锡、锌消费量呈现出这一形态，很可能是由于受到数据样本区间过小的限制，使得观察到的仅仅是实际倒“U”形曲线的右半部分，这表明在 1970 年之前，铁矿石、锡、锌的消费趋势很可能已经走完了上升阶段，并最晚在 1970 年就已经步入下降通道，即铁矿石、锡、锌消费趋势极有可能与铅、铜、氧化铝的消费趋势一致，均呈现出倒“U”形。

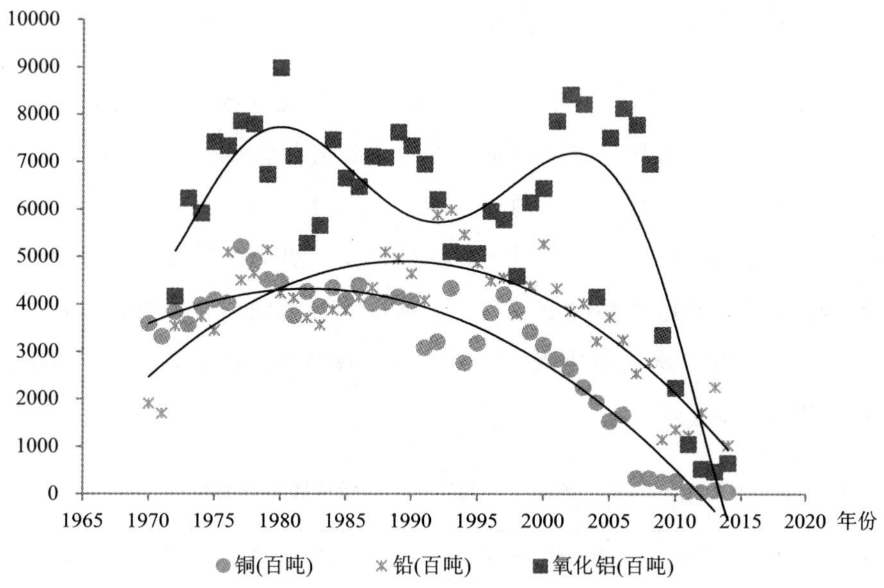

图 4-6　1965—2020 年英国铜、铅、氧化铝消费量

注：氧化铝数据范围为 1972—2014 年。

资料来源：铜、铅、氧化铝消费数据来自英国地质调查局。

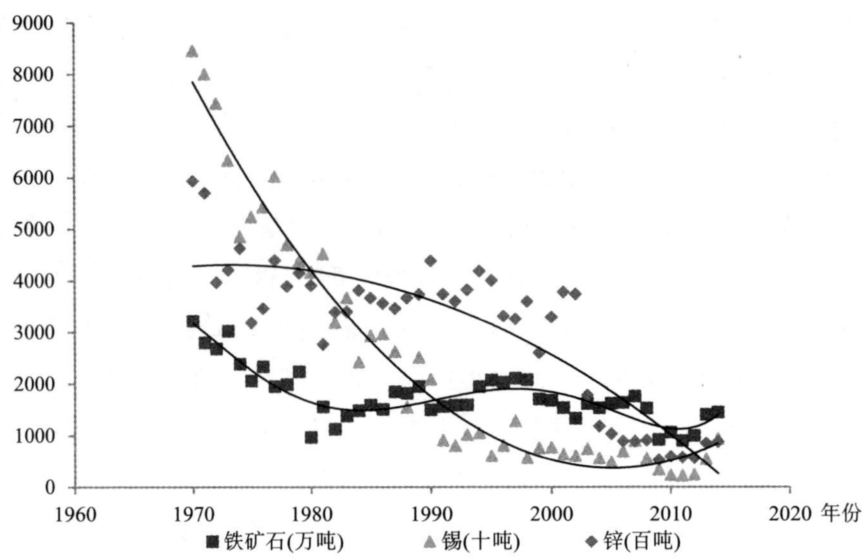

图 4－7 1960—2020 年英国铁矿石、锡、锌消费量

资料来源：铁矿石、锡、锌消费数据来自英国地质调查局。

总之，从矿产资源消费总量看，随着工业化的推进，英国铅、铜、锌、锡、铁矿石、氧化铝等矿产资源的消费量有较大概率保持倒“U”形形态。从矿产资源消费总量峰值水平看（见表 4－5），英国铅、铜、氧化铝的消费总量都在后工业化阶段达到峰值，锌、锡、铁矿石的消费总量则最晚于后工业化阶段达到峰值。另外，从矿产资源消费总量特征，1970—2014 年，英国铅、铜与氧化铝的消费特征比较类似，铁矿石、锌、锡的消费特征比较类似。

表 4－5 1970—2014 年英国 6 种金属矿产资源消费量峰值参数

矿种	消费量峰值	消费量峰值时间	人均 GDP	对应的工业化阶段
铅	59.88 万吨	1993 年	28457 美元	后工业化阶段
铜	52.22 万吨	1977 年	20362 美元	后工业化阶段
锌	59.34 万吨	1970 年（最晚）	17634 美元（至少）	后工业化阶段（最晚）
锡	8.45 万吨	1970 年（最晚）	17634 美元（至少）	后工业化阶段（最晚）

续表

矿种	消费量峰值	消费量峰值时间	人均 GDP	对应的工业化阶段
铁矿石	3219.36 万吨	1970 年（最晚）	17634 美元（至少）	后工业化阶段（最晚）
氧化铝	89.82 万吨	1980 年	21459 美元	后工业化阶段

注：氧化铝数据范围为 1972—2014 年。

资料来源：铅、铜、氧化铝、铁矿石、锡、锌消费数据来自英国地质调查局，实际人均 GDP 数据来自世界银行数据库。

二、人均矿产资源消费量与人均 GDP 呈抛物线形态

图 4－8 中拟合的散点图显示，1970—2014 年，英国铅、铜、锌、锡、铁矿石、氧化铝等矿产资源的人均消费量与人均 GDP 呈抛物线形态。具体来看，这一时期，铅、铜的人均消费量经历了先增加后下降的过程，锌、锡、铁矿石、氧化铝的人均消费量则随人均 GDP 的增加而不断下降。其中，铅的人均消费量从人均 GDP 为 17634 美元时的 3.42 千克/人消费水平迅速增加，在 1993 年人均 GDP 为 28457 美元时达到峰值 10.4 千克/人，随后，铅的人均消费量随着人均 GDP 的增加不断下降，并最终维持在 1.6—2.7 千克/人的消费水平。铜的人均消费量同样从 1970 年人均 GDP 为 17634 美元时的 6.45 千克/人迅速增加，在 1977 年人均 GDP 为 20362 美元时，铜的人均消费量达到 9.29 千克/人的峰值水平，之后，铜的人均消费量不断减少，并维持在现今 0.5 千克/人的水平上。氧化铝的人均消费量从人均 GDP 为 17634 美元时的 7.5 千克/人迅速增加，到 1980 年人均 GDP 为 21459 美元时达到峰值水平 16 千克/人，随后，氧化铝的人均消费量震荡下行，2010 年后，氧化铝的人均消费量维持在 1 千克/人的水平上上下波动。在样本区间内，锌、锡的人均消费量均呈现出从人均 GDP 为 17634 美元的消费高点不断下降的趋势。目前，锌、锡的人均消费量维持在 1—3 千克/人、40—150 克/人。铁矿石的人均消费量也从人均 GDP 为 17634 美元时的消费高点不断下降，在人均 GDP 为 21719 美元时首次降低到 200 千克/人水平以下，之后，人均消费量随着人均 GDP 的增加又重新反弹至 361 千克/人，接着，铁矿石消费量又再次不断降低。目前，铁矿石的人均消费量维持在 150—220 千克/人水平。

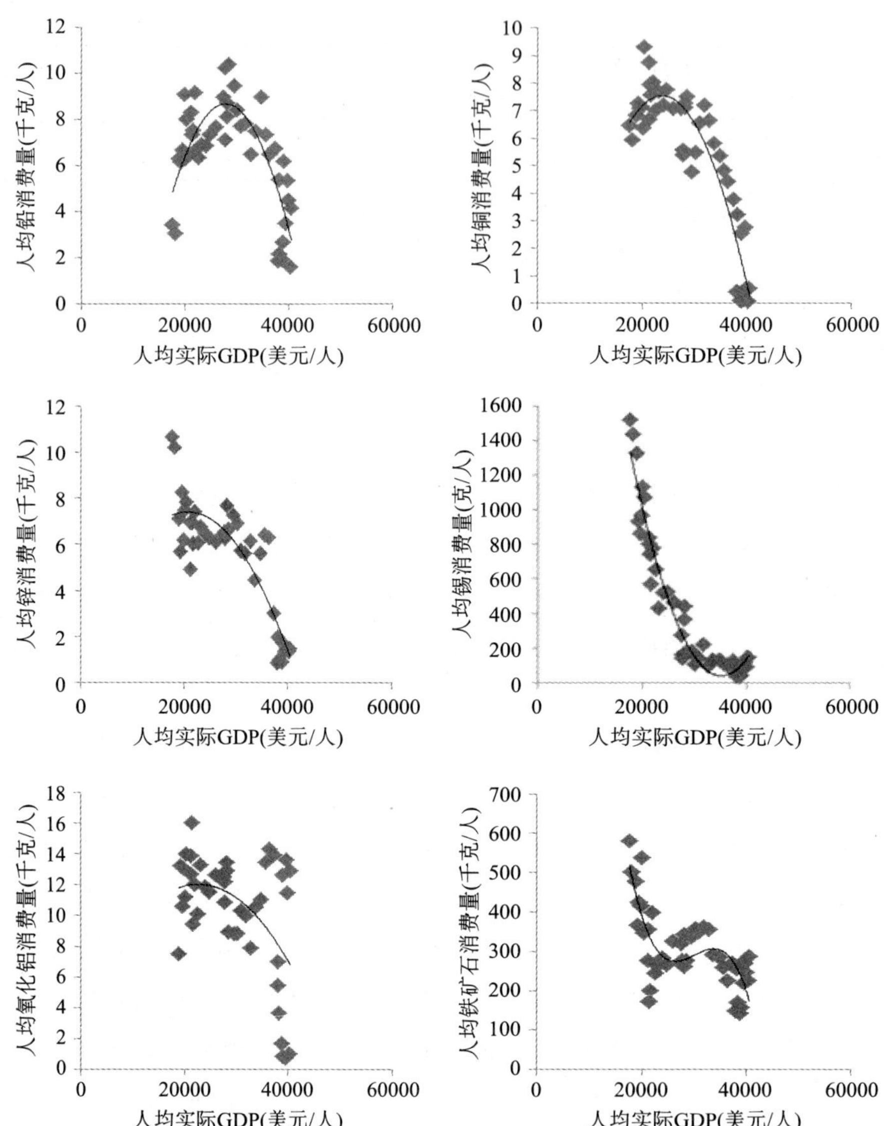

图 4-8　1970—2014 年英国 6 种金属矿产资源人均消费量与人均 GDP 关系曲线

注：氧化铝数据范围为 1972—2014 年。

资料来源：铅、铜、锌、锡、铁矿石、氧化铝消费数据来自英国地质调查局，实际人均 GDP 数据与人口数据来自世界银行数据库。

值得注意的是，英国锌、锡、铁矿石的人均消费量特征和消费总量特征相似，基本都呈现出从1970年人均GDP为17634美元时的消费高点不断下降的趋势。这同样可能是由于受到数据样本区间过小的限制，使得观察到的仅仅是实际倒“U”形曲线的右半部分，即在1970年之前，铁矿石、锡、锌的人均消费趋势极有可能已经走完了上升阶段，并最晚在1970年就已经步入下降通道。因此，英国铁矿石、锡、锌的人均消费趋势有很大概率与铅、铜、氧化铝的消费趋势一致，均随人均GDP的增加呈现出抛物线形状。

综上所述，英国工业化进程中，铅、铜、锌、锡、铁矿石、氧化铝等矿产资源人均消费量与人均GDP呈抛物线形态。从人均矿产资源消费量峰值水平看（见表4-6），铅、铜、氧化铝的人均消费量在后工业化阶段达到峰值，锌、锡、铁矿石的人均消费量则最晚于后工业化阶段达到峰值。

表4-6　1970—2014年英国六种金属矿产资源人均消费量峰值参数

矿种	人均消费量峰值	人均消费量峰值时间	人均GDP	对应的工业化阶段
铅	10.37千克/人	1993年	28457美元	后工业化阶段
铜	9.30千克/人	1977年	20362美元	后工业化阶段
锌	10.66千克/人	1970年（最晚）	17634美元	后工业化阶段（最晚）
锡	1519.97克/人	1970年（最晚）	17634美元	后工业化阶段（最晚）
铁矿石	578.36千克/人	1970年（最晚）	17634美元	后工业化阶段（最晚）
氧化铝	15.98千克/人	1980年	21459美元	后工业化阶段

注：氧化铝数据范围为1972—2014年。

资料来源：铅、铜、氧化铝、铁矿石、锡、锌消费数据来自英国地质调查局，实际人均GDP数据来自世界银行数据库。

三、矿产资源消费强度呈倒“U”形

1970—2014年，英国铅、铜、锌、锡、铁矿石、氧化铝等矿产资源的消费强度呈倒“U”形。由图4-9可见，英国在1970—2014年的工业化进程中，铅、氧化铝与铜的消费强度分别从1970年的0.2克/GDP、0.4克/GDP与0.37克/GDP开始增加，并分别在1976年、1980年与1977年达到各自的最大消费强度0.46克/人、0.75克/人与0.46克/人，随后这3种矿产资源的消费强度进入下降拐点，呈现震荡下行趋势，最终分别维持在目前的0.05—

0.11 克/GDP、0.02—0.3 克/GDP 与 0.1 克/GDP 左右的消费强度。由图 4－10 可见，同一时期内，铁矿石、锌、锡的消费强度则呈现出从 1970 年的高点不断波动下降的趋势。目前，铁矿石、锌、锡的消费强度分别维持在 0.04—0.07 百克/GDP、0.025—0.044 克/GDP 与 0.01—0.03 百毫克/GDP 水平。

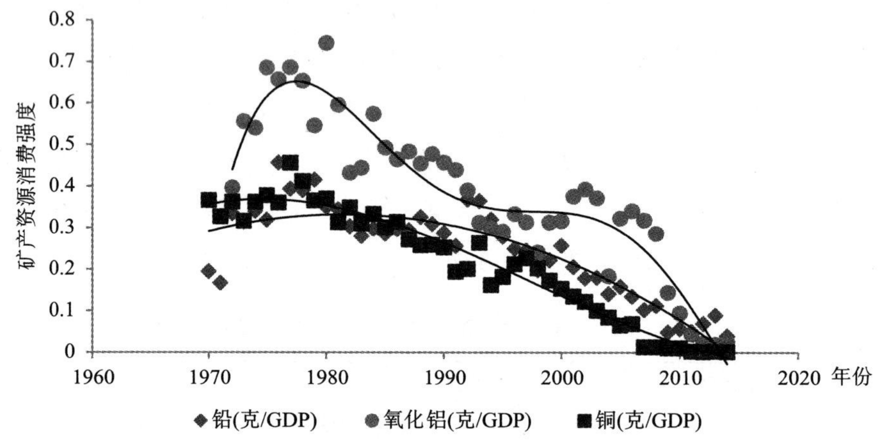

图 4－9　1960—2020 年英国铅、氧化铝、铜消费强度

注：氧化铝数据范围为 1972—2014 年。

资料来源：铅、铜、氧化铝消费数据来自英国地质调查局，实际 GDP 数据来自世界银行数据库。

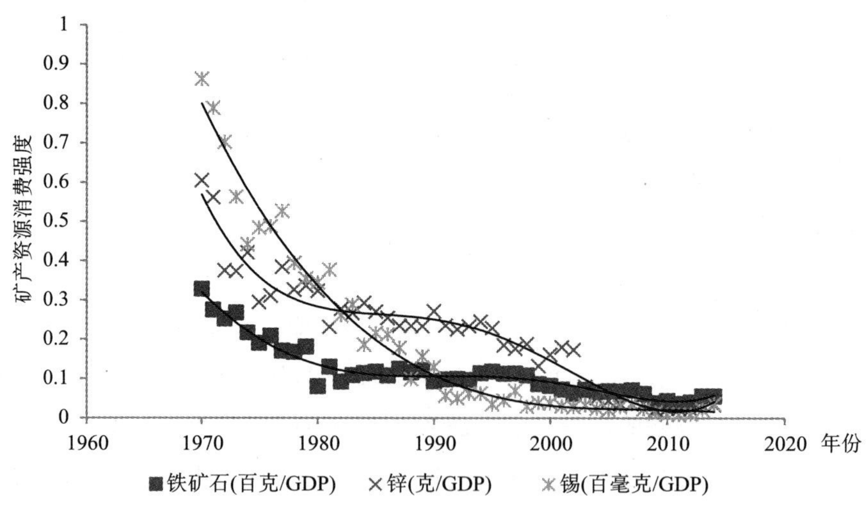

图 4－10　1960—2020 年英国铁矿石、锌、锡消费强度

资料来源：锌、锡、铁矿石消费数据来自英国地质调查局，实际 GDP 数据来自世界银行数据库。

通过观察可以发现，英国铁矿石、锌、锡的消费强度从1970年的高点不断下降的趋势可能是由于受到数据样本区间过小的限制，使得观察到的仅仅是倒“U”形曲线的右半部分，即在1970年之前，铁矿石、锡、锌的消费强度极有可能已经走完了上升阶段，并最晚在1970年就已经步入下降通道。因此，英国铁矿石、锌、锡的消费强度有很大概率与铅、铜、氧化铝的消费强度一致，随着工业化进程的推进呈现出倒“U”形变化特征。

总之，从矿产资源消费强度水平看，随着工业化的推进，英国铅、铜、锌、锡、铁矿石、氧化铝等矿产资源的消费强度趋势基本保持倒“U”形形态。从矿产资源消费强度峰值水平看（见表4－7），英国铅、铜、氧化铝的消费强度在后工业化阶段达到峰值，锌、锡、铁矿石的消费强度则最晚于后工业化阶段达到峰值。

表4－7　1970—2014年英国6种金属矿产资源消费强度峰值参数

矿种	消费强度峰值	消费强度峰值时间	人均GDP	对应的工业化阶段
铅	0.46克/GDP	1976年	19840美元	后工业化阶段
铜	0.46克/GDP	1977年	20362美元	后工业化阶段
锌	0.60克/GDP	1970年（最晚）	17634美元	后工业化阶段（最晚）
锡	86.14毫克/GDP	1970年（最晚）	17634美元	后工业化阶段（最晚）
铁矿石	32.80克/GDP	1970年（最晚）	17634美元	后工业化阶段（最晚）
氧化铝	0.74克/GDP	1980年	21459美元	后工业化阶段

注：氧化铝数据范围为1972—2014年。

资料来源：铅、铜、氧化铝、铁矿石、锡、锌消费数据来自英国地质调查局，实际人均GDP数据来自世界银行数据库。

第三节　德国工业化进程中的金属矿产资源消费

一、矿产资源消费量大致保持倒“U”形曲线关系

由图4－11与图4－12可知，1970—2014年，德国铅、铜、锌、铁矿

石、锡、氧化铝等矿产资源的消费量大致保持倒“U”形曲线关系。在这一时期，铜的消费量从1970年的48.8万吨波动上升到2007年的145.02万吨。目前，铜的年消费需求仍保持在120万吨左右。铅的消费量在1970约为51.7万吨，到了1977年，铅的消费量突破60万吨水平达到65.3万吨，随后一直到1992年，铅的年消费需求基本都保持在60万—68万吨水平。接着，铅消费量从1993年开始经历了一个短暂下跌过程，并在1996年达到阶段性低点35.47万吨之后迅速回升，自1998年起，铅的年消费需求又重新回到55万—60万吨的水平。1970年，锌的消费量为92.6万吨，到了1973年，锌的消费需求迅速增加到122.25万吨，之后在1976—1990年，锌的消费量基本维持在90万—100万吨的水平。随后，锌的消费量在1993年达到阶段性峰值122.27万吨之后就开始震荡下行（在2004年曾一度回升至100万吨以上），2010年后，锌的消费量基本就围绕75万吨上下波动。铁矿石的消费量从1970年的54.89万吨提高到1974年的阶段性高点62.75万吨后开始缓慢下降，随后铁矿石的年消费量逐渐趋稳，1982—2014年，德国铁矿石的年消费量基本维持在35万—45万吨水平。锡的消费需求特征与铁矿石消费需求特征比较相似，具体来看，锡的消费量从1970年的2.14万吨提高到1974年的阶段性高点2.81万吨后开始下降，随后锡的年消费量逐渐趋于稳定，1980—2014年，锡的年消费量基本维持在1.5万—2万吨水平。1972年，氧化铝的消费量约为101.99万吨，到了1984年提高到195.52万吨，之后一直到1990年氧化铝的年消费量基本都保持在190万吨水平上下波动，接着，氧化铝的年消费量在迅速下降到阶段性低点108.19万吨后逐渐企稳回升，2010年后，氧化铝的年消费量基本处于120万—140万吨水平。

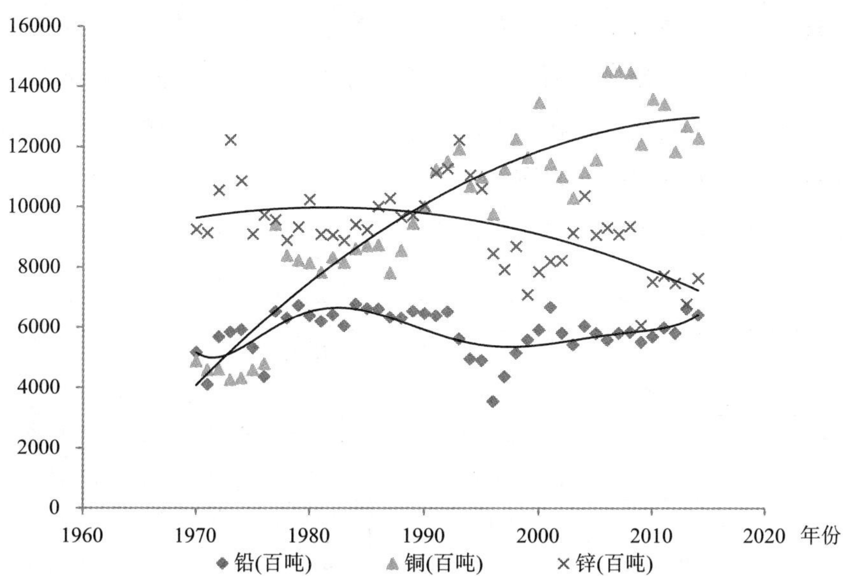

图 4－11　1960—2020 年德国铅、铜、锌消费量

资料来源：铅、铜、锌消费数据来自英国地质调查局全球矿产资源数据库。

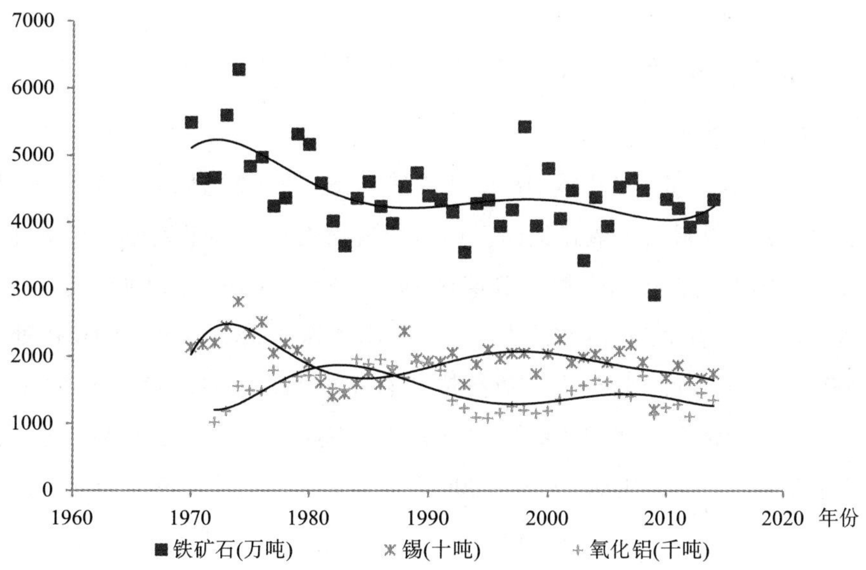

图 4－12　1960—2020 年德国铁矿石、锡、氧化铝消费量

注：氧化铝数据范围为 1972—2014 年。

资料来源：铁矿石、锡、氧化铝消费数据来自英国地质调查局全球矿产资源数据库。

综上所述，德国工业化进程中，铅、铜、锌、锡、铁矿石、氧化铝等矿产资源消费量大致保持倒“U”形曲线关系，且德国这6种矿产资源消费总量均在后工业化阶段到达峰值水平（见表4-8）。从矿产资源达到消费量峰值时所处的时间与人均GDP水平看，德国铅与氧化铝、锡与铁矿石的消费特征比较接近。

表4-8　1970—2014年德国6种金属矿产资源消费量峰值参数

矿种	消费量峰值	消费量峰值时间	人均GDP	对应的工业化阶段
铅	67.72万吨	1984年	27410美元	后工业化阶段
铜	145.02万吨	2007年	41834美元	后工业化阶段
锌	122.27万吨	1993年	33585美元	后工业化阶段
锡	2.81万吨	1974年	22091美元	后工业化阶段
铁矿石	6274.95万吨	1974年	22091美元	后工业化阶段
氧化铝	195.52万吨	1984年	27410美元	后工业化阶段

资料来源：铅、铜、锌、铁矿石、锡、氧化铝消费数据来自英国地质调查局全球矿产资源数据库，实际人均GDP数据来自世界银行数据库。

二、人均矿产资源消费量与人均GDP呈抛物线形态

由图4-13可见，1970—2014年，德国铅、锌、锡、铜、铁矿石、氧化铝的人均消费量与人均GDP呈抛物线形态。即随着人均GDP的上升，铅、锌、锡、铁矿石、氧化铝的人均消费量均大致经历了先增加后下降的过程。具体来说，锌的人均消费量在1973年人均GDP为21905美元时率先达到阶段性高点15.49千克/人，随后迅速下降，在人均GDP处于22000—28000美元，锌的人均消费量基本处于11.56—12.42千克/人，之后，锌的人均消费量在增加到第二个阶段性高点15.07千克/人后开始下降并逐渐趋稳，在人均GDP达到40000美元后，锌的人均消费量就基本维持在9.25—9.44千克/人。锡和铁矿石的人均消费量从1970年人均GDP为19626美元时开始增加，并都在1974年人均GDP为22091美元时达到各自的峰值356.12克/人与794.63千克/人，之后锡和铁矿石的人均消费量震荡下行，在人均GDP达到40000美元后，锡和铁矿石的人均消费量就分别

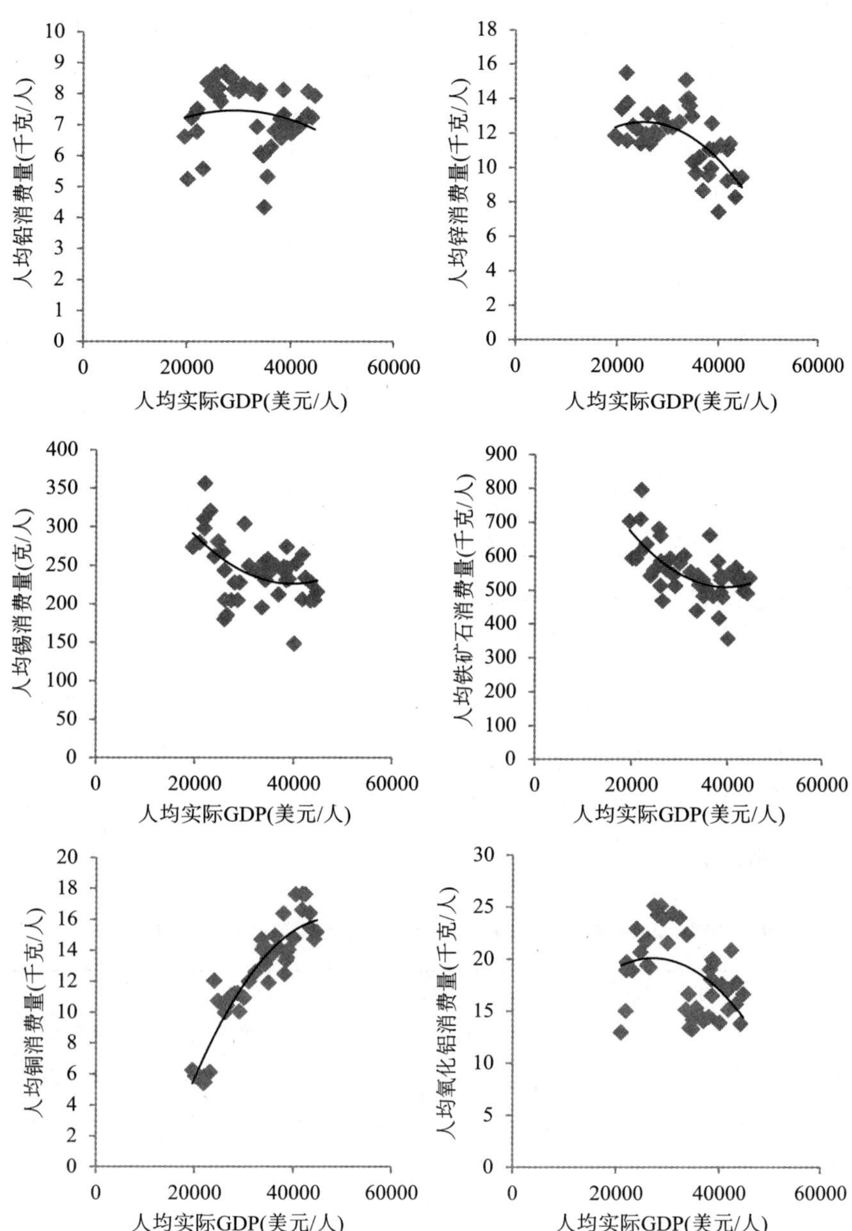

图 4-13　1970—2014 年德国 6 种金属矿产资源人均消费量与人均 GDP 关系曲线

注：氧化铝数据范围为 1972—2014 年。

资料来源：铅、铜、锌、锡、铁矿石、氧化铝消费数据来自英国地质调查局世界矿产资源数据库，实际人均 GDP 与人口数据来自世界银行数据库。

保持在 200—250 克/人与 490—550 千克/人。铅的人均消费量从人均 GDP 为 19626 美元时的 6.61 千克/人逐渐上升，在人均 GDP 达到 27410 美元时达到峰值 8.7 千克/人，随后随着人均 GDP 继续提高，铅的人均消费量经历了一个短暂的下跌过程后迅速回稳，在人均 GDP 达到 40000 美元后，铅的人均消费量就基本处于 7—8 千克/人。氧化铝的人均消费量在人均 GDP 为 20972 美元时约为 12.92 千克/人，当人均 GDP 增加到 28740 美元时，氧化铝的人均消费量达到峰值 25.13 千克/人，随后，氧化铝的人均消费量随着人均 GDP 的增加而波动下降，在人均 GDP 达到 40000 美元后，氧化铝的人均消费量大致处于 14—18 千克/人。铜的人均消费量从人均 GDP 为 19626 美元时的 6.24 千克/人逐渐上升，直到人均 GDP 达到 41834 美元时才达到峰值 17.63 千克/人，随后随着人均 GDP 继续提高，铜的人均消费量暂时稳定在 15.2—16.6 千克/人。

综上所述，德国工业化进程中，铅、铜、锌、锡、铁矿石、氧化铝等矿产资源人均消费量与人均 GDP 呈抛物线形态，且德国这 6 种矿产资源人均消费量均在后工业化阶段达到峰值水平（见表 4-9）。从矿产资源达到人均消费量峰值时所处的时间与人均 GDP 水平看，德国锌、锡与铁矿石、铅与氧化铝的消费特征比较接近。

表 4-9　1970—2014 年德国 6 种金属矿产资源人均消费量峰值参数

矿种	人均消费量峰值	人均消费量峰值时间	人均 GDP	对应的工业化阶段
铅	8.7 千克/人	1984 年	27410 美元	后工业化阶段
铜	17.63 千克/人	2007 年	41834 美元	后工业化阶段
锌	15.5 千克/人	1973 年	21905 美元	后工业化阶段
锡	356.12 克/人	1974 年	22091 美元	后工业化阶段
铁矿石	794.63 千克/人	1974 年	22091 美元	后工业化阶段
氧化铝	25.13 千克/人	1986 年	28740 美元	后工业化阶段

注：氧化铝数据范围为 1972—2014 年。

资料来源：铅、铜、锌、锡、铁矿石、氧化铝消费数据来自英国地质调查局世界矿产资源数据库，实际人均 GDP 与人口数据来自世界银行数据库。

三、矿产资源消费强度呈弱倒“U”形

由图 4 - 14 与图 4 - 15 可知，1970—2014 年，德国铅、铜、锌、锡、铁矿石、氧化铝的消费强度大致都呈现上升—下降—趋稳的态势。具体来看，氧化铝与锌的消费强度分别从 1970 年的 0.62 克/GDP 和 0.6 克/GDP 开始增加，并分别在 1977 年与 1973 年达到各自的最大消费强度 0.96 克/人与 0.71 克/人，之后，这两种矿产资源的消费强度迈过下降拐点，呈现震荡下行趋势，2010 年后，氧化铝与锌的消费强度分别围绕 0.35 克/GDP 与 0.21 克/GDP 水平上下波动。同一时期内，铜的消费强度在 1970 年约为 0.37 克/GDP，在 1977 年，铜的消费强度达到峰值水平 0.6 克/GDP，之后，铜的消费强度基本保持在 0.44—0.52 克/GDP。锡的消费强度在 1970 年约为 13.94 毫克/GDP，在 1974 年，锡的消费强度达到 16.12 毫克/GDP 的峰值水平，随后，锡的消费强度逐步下降，在 2010 年后，基本围绕 5 毫克/GDP 水平上下波动。1970—2014 年，铅、铁矿石的消费强度基本保持缓慢下降趋势，2010 年后，铅、铁矿石的消费强度分别保持在 0.17—0.18 克/GDP 与 0.11—0.12 百克/GDP。

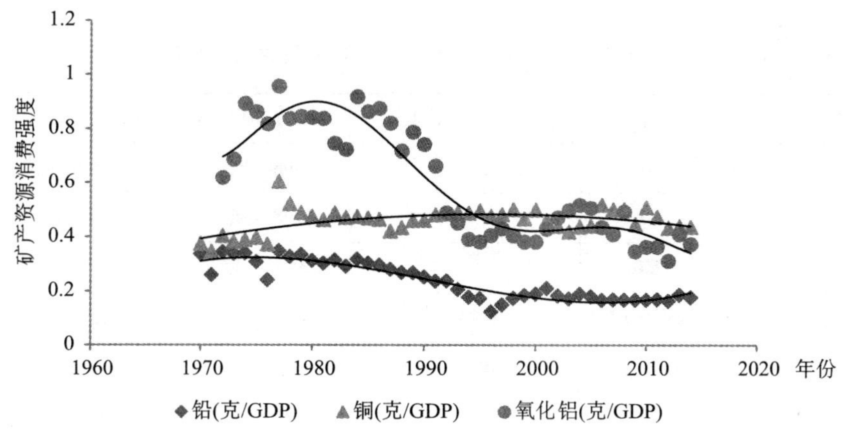

图 4 - 14 1960—2020 年德国铅、铜、氧化铝消费强度

注：氧化铝数据范围为 1972—2014 年。

资料来源：铅、铜、锌、锡、铁矿石、氧化铝消费数据来自英国地质调查局世界矿产资源数据库，实际 GDP 数据来自世界银行数据库。

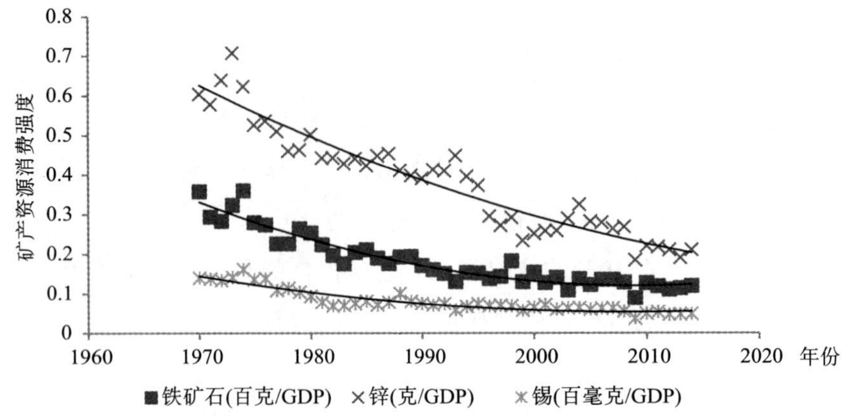

图 4－15 1960—2020 年德国锌、锡、铁矿石消费强度

资料来源：铅、铜、锌、锡、铁矿石、氧化铝消费数据来自英国地质调查局世界矿产资源数据库，实际 GDP 数据来自世界银行数据库。

总之，从矿产资源消费强度水平看，随着工业化的推进，德国铅、铜、锌、锡、铁矿石、氧化铝等矿产资源的消费强度基本保持弱倒“U”形，且 6 种矿产资源消费强度均在后工业化阶段达到峰值水平，达到峰值时所处的时间与人均 GDP 水平也较为相近（见表 4－10）。

表 4－10 1970—2014 年德国 6 种金属矿产资源消费强度峰值参数

矿种	消费强度峰值	消费强度峰值时间	人均 GDP	对应的工业化阶段
铅	0.35 克/GDP	1977 年	23998 美元	后工业化阶段
铜	0.60 克/GDP	1977 年	23998 美元	后工业化阶段
锌	0.71 克/GDP	1973 年	21905 美元	后工业化阶段
锡	16.12 毫克/GDP	1974 年	22091 美元	后工业化阶段
铁矿石	35.97 克/GDP	1974 年	22091 美元	后工业化阶段
氧化铝	0.96 克/GDP	1977 年	23998 美元	后工业化阶段

注：氧化铝数据范围为 1972—2014 年。

资料来源：铅、铜、锌、锡、铁矿石、氧化铝消费数据来自英国地质调查局世界矿产资源数据库，实际人均 GDP 与人口数据来自世界银行数据库。

第四节　法国工业化进程中的金属矿产资源消费

一、矿产资源消费量保持倒“U”形或“M”形

由图4－16与图4－17可知，1970—2014年，法国铅、铜、锌、锡与铁矿石的消费量基本都经历了先上升后下降的过程。其中，铅、铜、锌的消费趋势呈现较为明显的倒“U”形趋势，铁矿石则呈现较弱的倒“U”形消费量趋势。这一时期，锡、氧化铝的消费趋势则呈现出先上升后下降再上升再下降的“M”形。具体来看，锌的消费量从1970年的67.31万吨逐渐增加，到1995年达到峰值约100万吨，随后，锌的年消费量开始迅速下降，2009年之后，锌的年消费量基本维持在38.2万—45.2万吨水平。1970年以来，铅、铜的消费趋势比较相似，均分别从1970年的30.8万吨与31.89万吨逐渐增加，并在2000年一起达到各自的峰值水平49.63万吨与58.08万吨，随后，这两种矿产资源的年消费量迈过由升转降的转折点，2010年之后，铅与铜的年消费量基本维持在6.7万—7.9万吨与18万—20万吨。1970—2014年，铁矿石、锡的消费量分别在1977年与1973年达到阶段性峰值，之后均呈现出从前期高点不断下降的趋势。其中，铁矿石的下降趋势相对平缓，锡的下降趋势则相对较为剧烈。2010年后，铁矿石、锡的消费量分别保持在1341万—1525万吨与44万—53万吨。氧化铝的年消费量先是从1970年的99.05万吨增加到1981年的109.2万吨，接着氧化铝的年消费量就开始波动下降，在1985年，氧化铝的消费量降低到阶段性低点69.75万吨后，氧化铝的消费量重新上升并在2001年达到峰值水平123.97万吨，之后，氧化铝的消费量不断下降，最终维持在80.75万—88.49万吨水平。

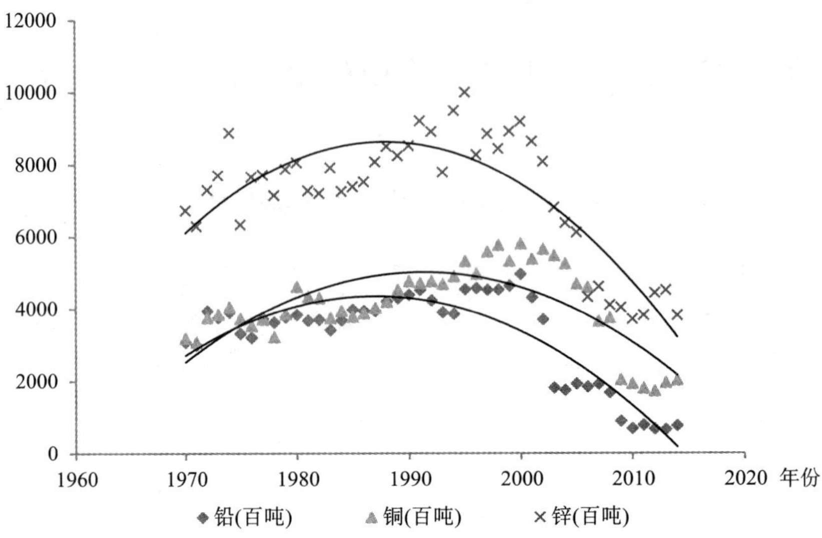

图 4－16　1960—2020 年法国铅、铜、锌消费量

资料来源：铅、铜、氧化铝消费数据来自英国地质调查局世界矿产资源数据库。

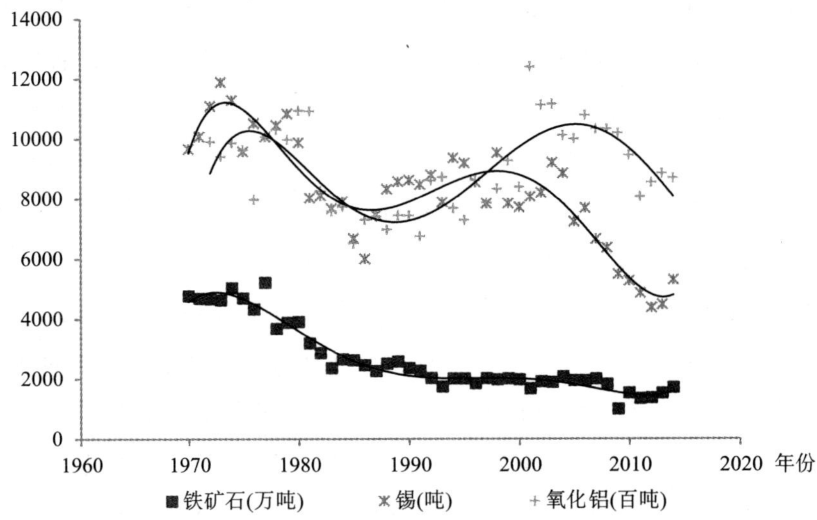

图 4－17　1960—2020 年法国铁矿石、锡、锌消费量

注：氧化铝数据范围为 1972—2014 年。

资料来源：铁矿石、锡、氧化铝消费数据来自英国地质调查局世界矿产资源数据库，实际人均 GDP 数据来自世界银行数据库。

综上所述，从矿产资源消费总量看，随着工业化的推进，法国铅、铜、锌、锡、铁矿石、氧化铝等矿产资源的消费量基本保持倒“U”形或“M”形，且这6种矿产资源消费总量均在后工业化阶段达到峰值水平（见表4-11）。另外，从矿产资源消费总量达到峰值时所处的时间与人均GDP水平看，铅、铜、锌与氧化铝、锡与铁矿石的消费总量特征比较相似。

表4-11　1970—2014年法国6种金属矿产资源消费量峰值参数

矿种	消费量峰值	消费量峰值时间	人均GDP	对应的工业化阶段
铅	49.63万吨	2000年	38525美元	后工业化阶段
铜	58.08万吨	2000年	38525美元	后工业化阶段
锌	100万吨	1995年	34148美元	后工业化阶段
锡	1.19万吨	1973年	22905美元	后工业化阶段
铁矿石	5212.33万吨	1977年	24909美元	后工业化阶段
氧化铝	123.97万吨	2001年	38993美元	后工业化阶段

注：氧化铝数据范围为1972—2014年。

资料来源：铅、铜、锌、锡、铁矿石、氧化铝消费数据来自英国地质调查局世界矿产资源数据库，实际人均GDP与人口数据来自世界银行数据库。

二、人均矿产资源消费量与人均GDP呈抛物线形态

通过图4-18中拟合的散点图可以看出，1970—2014年，法国人均矿产资源消费量与人均GDP呈抛物线形态。具体来看，这一时期，随着人均GDP的提高，铅、锡、铜、锌的人均消费量经历了先增加后下降的过程，铁矿石的人均消费量则呈现从前期不断下降的趋势，氧化铝的人均消费量则先后两次经历了先增加后下降的过程。1970年，法国在人均GDP为20092美元时，铅、锌与铜的人均消费量分别为5.92千克/人、12.93千克/人与6.13千克人，随后，铅、锌与铜的人均消费量随着人均GDP的提高不断增加，并分别在人均GDP为38524美元、34148美元、36298美元时达到峰值，相应的人均矿产资源消费峰值水平为8.15千克/人、16.79千克/人、9.58千克/人，随后这3种矿产资源的人均消费量开始随人均

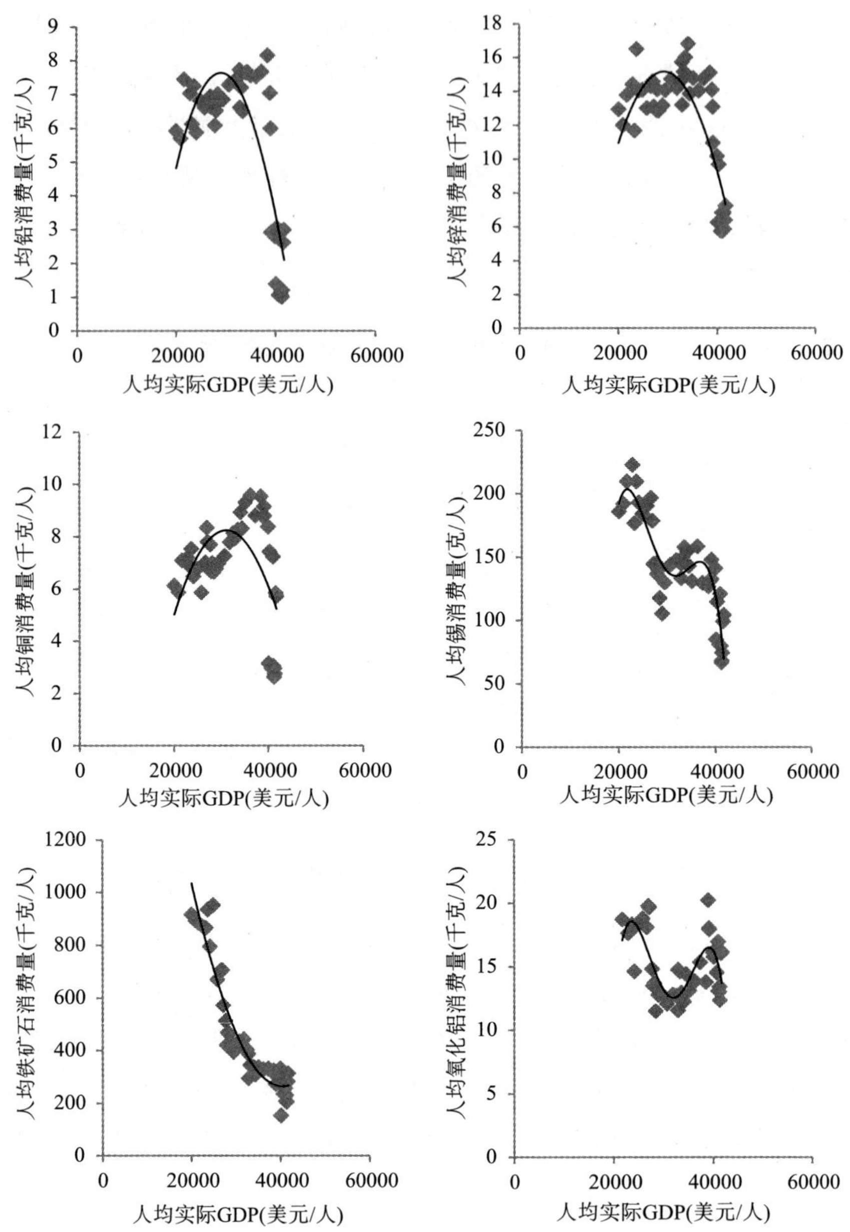

图 4-18 1970—2014 年法国 6 种金属矿产资源人均消费量与人均 GDP 关系曲线

注：氧化铝数据范围为 1972—2014 年。

资料来源：铅、铜、锌、锡、铁矿石、氧化铝消费数据来自英国地质调查局世界矿产资源数据库，实际人均 GDP 与人口数据来自世界银行数据库。

GDP的提高不断下降，2010年后，铅、锌与铜的人均消费量保持在1.01—1.21千克/人、5.72—6.85千克/人与2.63—3.05千克/人的水平。锡的人均消费量在人均GDP为20092美元时迅速攀升，在人均GDP为22905美元时就达到222.51克/人的峰值水平，接着开始逐步下降，在人均GDP处于27100—40000美元时，锡的人均消费量基本维持在130—160克/人，随着人均GDP突破40000美元，锡的人均消费量再次下降，2010年后，锡的人均消费量基本处于66.66—74.3克/人的消费水平。铁矿石的人均消费量同样从人均GDP为20092美元时的阶段性高点迅速攀升，在人均GDP提高到24909美元时就达到951.77千克/人的峰值水平，之后铁矿石的人均消费量开始逐步下降，在人均GDP突破40000美元后，铁矿石的人均消费量基本维持在200—300千克/人。1970年，法国在人均GDP为20092美元时，氧化铝人均消费量为18.7千克/人，随后，氧化铝的人均消费量在人均GDP为26984美元时达到阶段性高点19.77千克/人，之后，随着人均GDP的继续上升，氧化铝的人均消费量第一次迈过由升转降的拐点后迅速下跌，在人均GDP处于27000—35000美元，氧化铝的人均消费量大致稳定在11.5—13.5千克/人。之后，氧化铝的人均消费量又开始随着人均GDP的上升而增加，并在人均GDP为38993美元时达到阶段性高点20.2千克/人后再次下降，在人均GDP突破40000美元后，氧化铝的人均消费量基本维持在13—16千克/人的水平。

总之，随着工业化的推进，法国铅、铜、锌、锡、铁矿石、氧化铝等矿产资源的人均消费量与人均GDP呈抛物线形态，且这6种矿产资源的人均消费量均在后工业化阶段达到峰值水平（见表4-12）。另外，从矿产资源达到人均消费量峰值时所处的时间与人均GDP水平看，铅、铜与锌、锡与铁矿石的人均消费量特征比较相似。

表 4－12　1970—2014 年法国 6 种金属矿产人均消费量峰值参数

矿种	人均消费量峰值	人均消费量峰值时间	人均 GDP	对应的工业化阶段
铅	8.15 千克/人	2000 年	38525 美元	后工业化阶段
铜	9.58 千克/人	1998 年	36298 美元	后工业化阶段
锌	16.79 千克/人	1995 年	34148 美元	后工业化阶段
锡	222.51 克/人	1973 年	22905 美元	后工业化阶段
铁矿石	951.77 千克/人	1977 年	24909 美元	后工业化阶段
氧化铝	20.2 千克/人	2001 年	38993 美元	后工业化阶段

注：氧化铝数据范围为 1972—2014 年。

资料来源：铅、铜、锌、锡、铁矿石、氧化铝消费数据来自英国地质调查局世界矿产资源数据库，实际人均 GDP 与人口数据来自世界银行数据库。

三、矿产资源消费强度呈倒“U”形

由图 4－19 与图 4－20 可见，法国在 1970—2014 年的工业化进程中，铅、铜、锌、锡的消费强度从 1970 年的 0.29 克/GDP、0.31 克/GDP、0.64 克/GDP 与 9.24 毫克/GDP 开始增加，并分别在 1972 年、1972 年、1974 与 1973 年达到各自的最大消费强度 0.34 克/GDP、0.33 克/GDP、0.7 克/GDP与 9.71 毫克/GDP，随后这 4 种矿产资源的消费强度迈过由升转降的拐点，并开始震荡下行，2010 年后，这 4 种矿产资源的消费强度分别维持在 0.024—0.029 克/GDP、0.067—0.073 克/GDP、0.14—0.16 克/GDP 与 1.62—1.99 毫克/GDP。1970 年，铁矿石与氧化铝的消费强度就已分别处于 45.56 克/GDP 与 0.86 克/GDP 的阶段性高点，随后，铁矿石与氧化铝的消费强度呈现出从 1970 年的高点不断波动下降的趋势。目前，铁矿石与氧化铝的消费强度分别维持在 4.96—6.24 克/GDP 与 0.30—0.35 克/GDP 水平。

通过观察可以发现，法国铁矿石与氧化铝的消费强度从 1970 年的高点不断下降的趋势可能是由于受到数据样本区间过小的限制，使得观察到的仅仅是倒“U”形曲线的右半部分，即在 1970 年之前，法国铁矿石与氧化铝的消费强度极有可能已经走完了上升阶段，并最晚在 1970 年就已经步入下降通道。因此，法国铁矿石与氧化铝的消费强度极有可能与铅、铜、锌、锡的消费强度一致，随着工业化进程的推进呈现出倒“U”形。

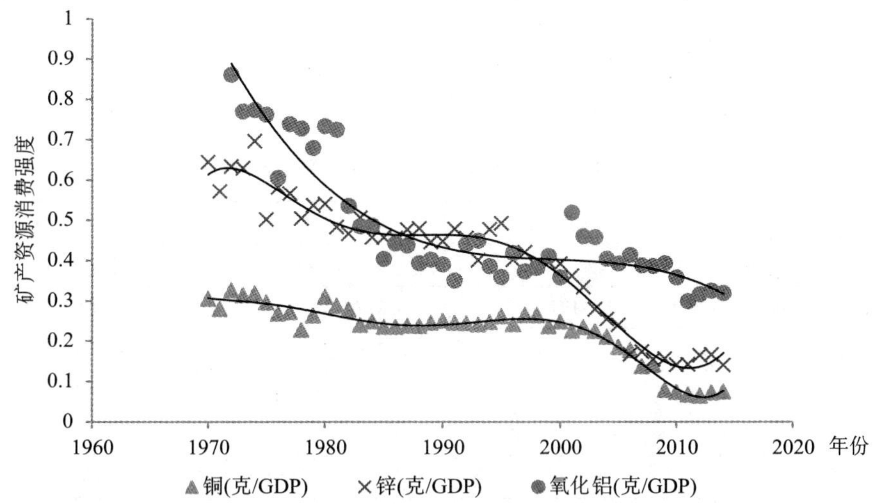

图 4－19 1970—2014 年法国铜、锌、氧化铝消费强度

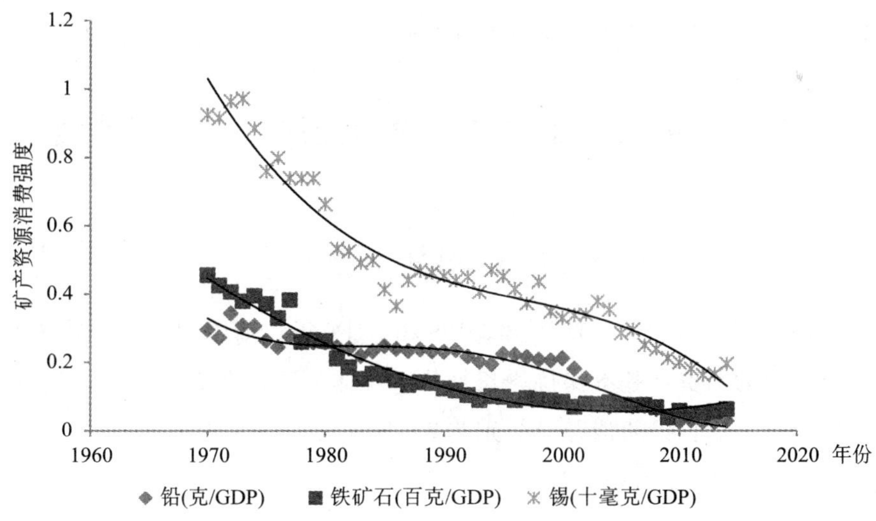

图 4－20 1970—2014 年法国铅、铁矿石、锡消费强度

注：氧化铝数据范围为 1972—2014 年。

资料来源：铅、铜、锌、锡、铁矿石于氧化铝消费数据来自英国地质调查局世界矿产资源数据库，实际 GDP 数据来自世界银行数据库。

总之，从矿产资源消费强度水平看，随着工业化的推进，法国铅、铜、锌、锡、铁矿石、氧化铝等矿产资源的消费强度基本保持倒“U”形变化。从矿产资源消费强度峰值水平看（见表4－13），法国铅、铜、锌矿、锡的消费强度在后工业化阶段达到峰值，铁矿石与氧化铝的消费强度则最晚于后工业化阶段达到峰值。

表4－13　1970—2014年法国6种金属矿产资源消费强度峰值参数

矿种	消费强度峰值	消费强度峰值时间	人均GDP	对应的工业化阶段
铅	0.34克/GDP	1972年	21741美元	后工业化阶段
铜	0.33克/GDP	1972年	21741美元	后工业化阶段
锌	0.7克/GDP	1974年	23692美元	后工业化阶段
锡	9.71毫克/GDP	1973年	22905美元	后工业化阶段
铁矿石	45.56克/GDP	1970年（最晚）	20092美元（至少）	后工业化阶段（最晚）
氧化铝	0.86克/GDP	1972年（最晚）	21741美元（至少）	后工业化阶段（最晚）

注：氧化铝数据范围为1972—2014年。

资料来源：铅、铜、锌、锡、铁矿石、氧化铝消费数据来自英国地质调查局世界矿产资源数据库，实际人均GDP与人口数据来自世界银行数据库。

第五节　中国工业化进程中的金属矿产资源消费

一、矿产资源消费量仍处于上升趋势

由图4－21与图4－22可知，1994—2014年，中国铜、锌、铁矿石、锡、氧化铝的消费量基本保持增长趋势。具体来看，在1994年，铜、锌、铁矿石、锡与氧化铝的消费量分别为51.2万吨、36.9万吨、29102万吨、2.55万吨与490.51万吨，到2014年后，中国铜、锌、铁矿石、锡与氧化铝的消费量分别增长到1135.23万吨、642.04万吨、244634.18万吨、19.26万吨与5755.75万吨。20年间，铜、锌、铁矿石、锡与氧化铝的消费量分别增长了21倍、16倍、7.4倍、6.5倍与10.7倍。不过，这一时期，铅的消费量从1994年的24.4万吨增加到2012年的峰值461.78万吨

后，在 2013 年与 2014 年，铅的年消费量略有下降，但仍然保持在 420 万吨消费水平之上。

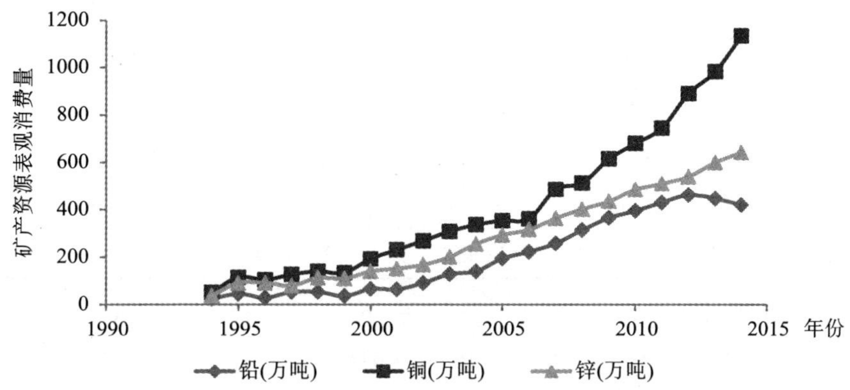

图 4－21　1990—2015 年中国铅、铜、锌消费量

资料来源：《中国有色金属工业年鉴》（1997—2015 年）。

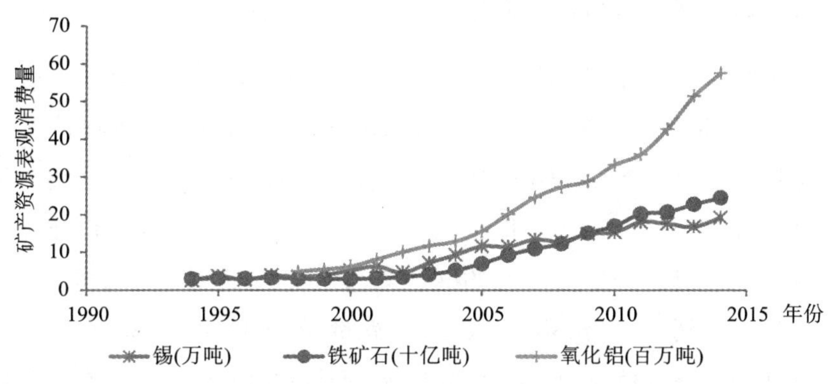

图 4－22　1990—2015 年中国锡、铁矿石、氧化铝消费量

注：氧化铝数据范围为 1998—2014 年。

资料来源：铁矿石消费数据来自《中国钢铁工业年鉴》（1995—2015 年），锡消费数据来自《中国有色金属工业年鉴》（1997—2015 年），氧化铝数据来自中国统计局。

另外，由表 4－14 可以看出，中国铅矿消费量很可能已在工业化后期达到峰值，铜、锌、锡、铁矿石、氧化铝等矿产资源消费量则将在工业化后期或后工业化阶段达到峰值。

表 4 - 14　1994—2014 年中国 6 种金属矿产资源消费量峰值参数

矿种	消费量峰值	消费量峰值时间	人均 GDP	对应的工业化阶段
铅	461.78 万吨	2012 年	5275 美元	工业化后期
铜	1135.23 万吨	2014 年	6033 美元	工业化后期（最早）
锌	642.04 万吨	2014 年	6033 美元	工业化后期（最早）
锡	19.26 万吨	2014 年	6033 美元	工业化后期（最早）
铁矿石	244634.18 万吨	2014 年	6033 美元	工业化后期（最早）
氧化铝	5755.75 万吨	2014 年	6033 美元	工业化后期（最早）

注：氧化铝数据范围为 1998—2014 年。

资料来源：铅、铜、锌、锡消费数据来自《中国有色金属工业年鉴》（1997—2015 年），铁矿石消费数据来自《中国钢铁工业年鉴》（1995—2015 年），氧化铝数据来自中国统计局，实际人均 GDP 数据来自世界银行数据库。

二、人均矿产资源消费量不断上升

通过图 4 - 23 中拟合的散点图可以看出，1994—2014 年，随着人均 GDP 的增长，中国铜、锌、铁矿石、锡、氧化铝的人均消费量基本保持增长趋势。其中，在 1994 年人均 GDP 为 1112 美元时，铜、锌、铁矿石、锡与氧化铝的人均消费量分别为 0.43 千克/人、0.31 千克/人、244.17 千克/人、21.4 克/人与 3.95 千克/人，到 2014 年人均 GDP 增长到 6033 美元后，铜、锌、铁矿石、锡与氧化铝的人均消费量分别提高到 8.32 千克/人、4.71 千克/人、1793.15 千克/人、141.17 克/人与 42.19 千克/人。在人均 GDP 增长近 5 倍的情况下，铜、锌、铁矿石、锡与氧化铝的人均消费量分别增长了 21 倍、16 倍、7.4 倍、6.5 倍与 10.7 倍。不过，这一时期，铅的人均消费量从 1994 年的 0.2 千克/人增加到 2012 年的峰值 3.42 千克/人后，在 2013 年与 2014 年，铅的人均消费量略有下降，但仍然保持在 3 千克/人的人均消费水平之上。

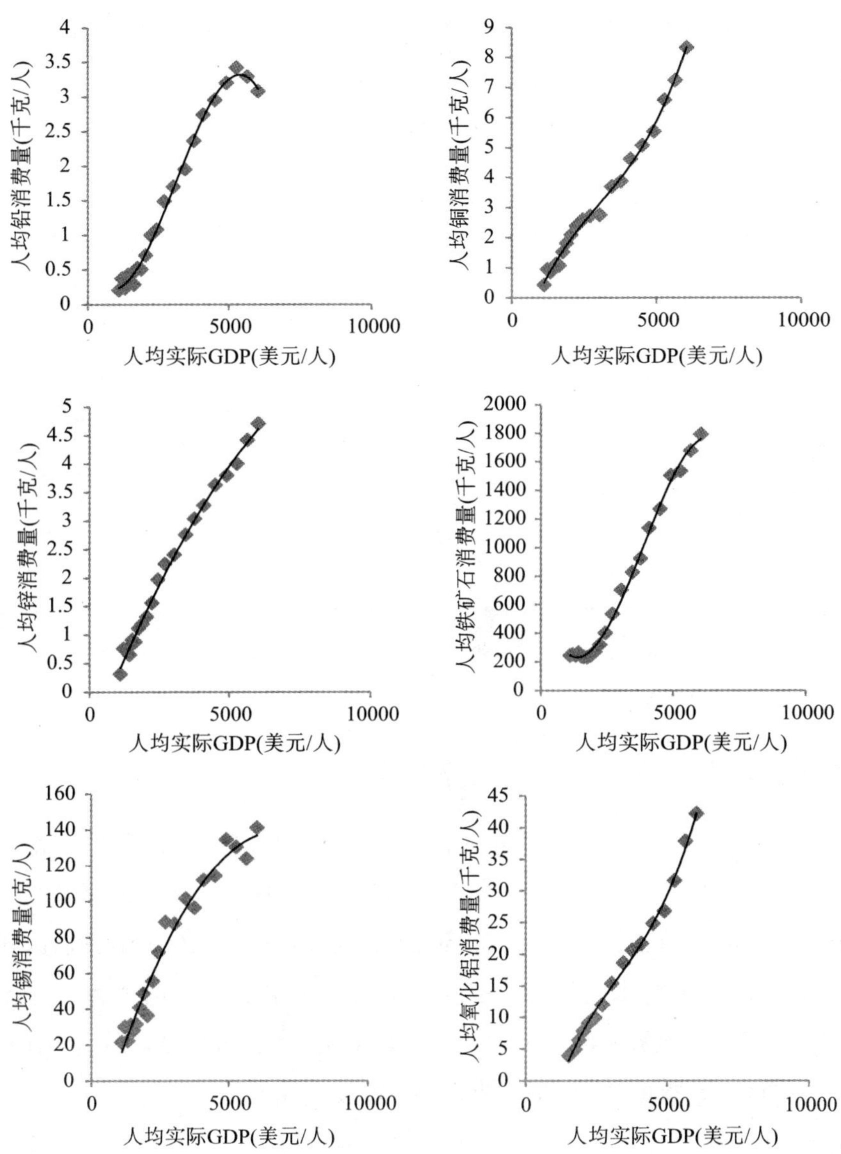

图 4-23　1994—2014 年中国 6 种矿产资源人均消费量与人均 GDP 关系曲线

注：氧化铝数据范围为 1998—2014 年。

资料来源：铅、铜、锌、锡消费数据来自《中国有色金属工业年鉴》（1997—2015 年），铁矿石消费数据来自《中国钢铁工业年鉴》（1995—2015 年），氧化铝数据来自中国统计局，实际人均 GDP 数据来自世界银行数据库。

此外，由表4-15可以看出，与消费总量峰值水平类似，中国铅矿人均消费量很可能已在工业化后期达到峰值，铜、锌、锡、铁矿石、氧化铝等矿产资源人均消费量则将在工业化后期或后工业化阶段达到峰值。

表4-15　1994—2014年中国6种矿产人均消费量峰值参数

矿种	人均消费量峰值	人均消费量峰值时间	人均GDP	对应的工业化阶段
铅	3.42千克/人	2012年	5275美元	后工业化阶段
铜	8.32千克/人	2014年	6033美元	后工业化阶段（最早）
锌	4.71千克/人	2014年	6033美元	后工业化阶段（最早）
锡	141.17克/人	2014年	6033美元	后工业化阶段（最早）
铁矿石	1793.15千克/人	2014年	6033美元	后工业化阶段（最早）
氧化铝	42.19千克/人	2014年	6033美元	后工业化阶段（最早）

注：氧化铝的消费数据起始时间为1998年。

资料来源：铅、铜、锌、锡消费数据来自《中国有色金属工业年鉴》（1997—2015年），铁矿石消费数据来自《中国钢铁工业年鉴》（1995—2015年），氧化铝数据来自中国统计局，实际人均GDP数据来自世界银行数据库。

三、矿产资源消费强度趋势各异

从图4-24与图4-25中可以看出，1970—2014年，随着工业化进程的推进，中国矿产资源消费强度趋势各异。具体来看，锌与锡的消费强度在1970年分别为0.28克/GDP和19.23毫克/GDP，到2005年分别达到最大消费强度0.83克/GDP与32.6毫克/GDP，随后锌与锡的消费强度逐渐保持稳定，目前基本维持在0.76—0.8克/GDP与21.92—24.73克/GDP的水平。铅的消费强度从1970年的0.18克/GDP开始增加，在2009年达到最大消费强度0.67克/GDP，随后铅的消费强度迈过下降拐点，并呈震荡下行趋势。氧化铝的消费强度则从1998年的2.58克/GDP增加到2014年的6.99克/GDP。铜的消费强度从1994年的0.39克/GDP增加到2014年的1.38克/GDP。铁矿石的消费强度先是从1994年的219.5克/GDP下降到2001年的128.44克/GDP，随后铁矿石的消费强度逐渐上升，并维持在290.64—297.24克/GDP。

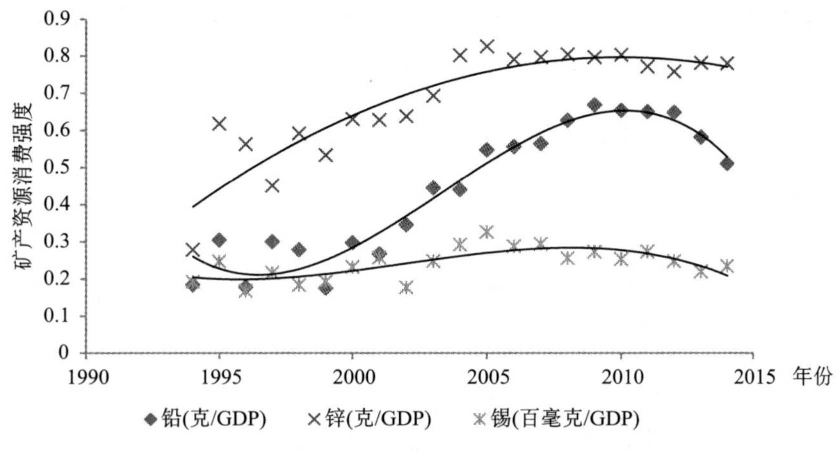

图 4-24　1990—2015 年中国铅、锌、锡消费强度

资料来源：铅、锌、锡消费数据来自《中国有色金属工业年鉴》（1997—2015 年），实际人均 GDP 数据来自世界银行数据库。

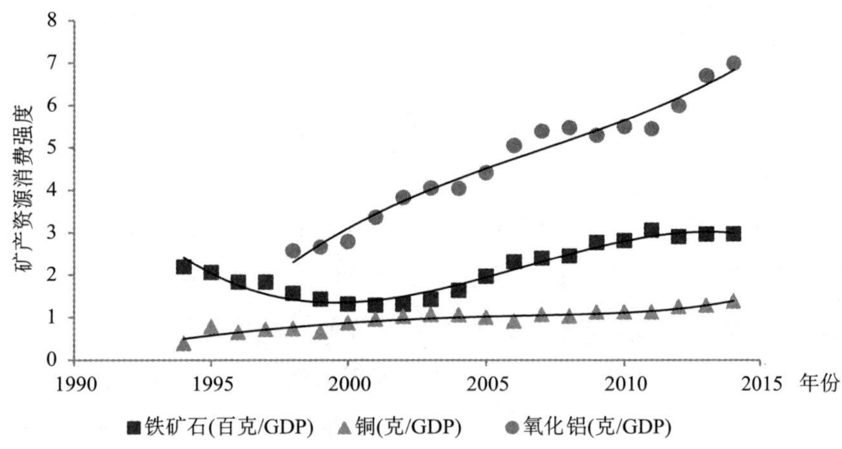

图 4-25　1990—2015 年中国铁矿石、铜、氧化铝消费强度

注：氧化铝数据范围为 1998—2014 年。

资料来源：铜消费数据来自《中国有色金属工业年鉴》（1997—2015 年），铁矿石消费数据来自《中国钢铁工业年鉴》（1995—2015 年），氧化铝数据来自中国统计局，实际人均 GDP 数据来自世界银行数据库。

此外，由表 4-16 可以看出，中国铅、铜、锌、锡、铁矿石等矿产资源消费强度已在工业化后期达到峰值，氧化铝的消费强度则将在工业化后期或后工业化阶段达到峰值。从各矿产资源消费强度到达峰值时所处的时间与人均 GDP 水平看，中国锌、锡的消费强度特征比较相似。

表 4-16 1994—2014 年中国 6 种金属矿产资源消费强度峰值参数

矿种	消费强度峰值	消费强度峰值时间	人均 GDP	对应的工业化阶段
铅	0.67 克/GDP	2009 年	4101 美元	后工业化阶段
铜	1.38 克/GDP	2014 年	6033 美元	后工业化阶段
锌	0.83 克/GDP	2005 年	2717 美元	后工业化阶段
锡	32.6 毫克/GDP	2005 年	2717 美元	后工业化阶段
铁矿石	305.65 克/GDP	2011 年	4920 美元	后工业化阶段
氧化铝	6.99 克/GDP	2014 年（最早）	6033 美元	后工业化阶段（最早）

注：氧化铝数据范围为 1998—2014 年。

资料来源：铅、铜、锌、锡消费数据来自《中国有色金属工业年鉴》（1997—2015 年），铁矿石消费数据来自《中国钢铁工业年鉴》（1995—2015 年），氧化铝数据来自中国统计局，实际人均 GDP 数据来自世界银行数据库。

第六节 本章小结

通过对美国、英国、法国、德国与中国等主要工业化国家工业化进程中金属矿产资源消费的历史数据进行分析可以发现，工业化过程中金属矿产资源消费量、人均金属矿产资源消费量与金属矿产资源消费强度基本均呈现出“先增加后减少”的特征，进而表现出倒“U”形曲线关系，且金属矿产资源消费量、人均金属矿产资源消费量与金属矿产资源消费强度基本均在后工业化阶段达到峰值。不过，中国目前尚处于倒“U”形曲线的左半部分，金属矿产资源消费量、人均金属矿产资源消费量与金属矿产资源消费强度仍主要表现出随着工业化的推进而不断增长的态势。实际上，上述倒“U”形曲线关系背后的经济学含义是：在工业化初期，随着一国开发利用金属矿产资源的能力不断增强与国民经济中工业比重的上升，一国金属矿产资源需求开始增加；在工业化中期，随着工业比重的进一步上升与产业结构完成以轻工业为主向以重化工业为主的转变，一国金属矿产资源需求急剧增加并最终达到峰值；步入工业化后期后，随着重工业在工业结构中比重下降与高技术产业在工业结构中开始占据主体地位，一国对金属矿产资源需求步入下降轨道；到了后工业化阶段，受工业结构向高端升级与第三产业在国民经济中占据主体地位影响，一国对金属矿产资源的需求进一步下降并逐步维持在一个较低水平。

第五章　金属矿产资源消费的推动因素与环境效应

第一节　金属矿产资源消费的推动因素

在推动金属矿产资源消费的诸多因素中，工业化进程的推进、城镇化的发展、人口的增长与技术的进步是推动金属矿产资源消费的主要因素。世界范围内的工业化实践历程表明，工业化演进的历史同样是一部人类不断深入认识、开发、利用金属矿产资源的历史，工业化进程中金属矿产资源消费总量及其结构往往会表现出阶段性特征。城镇化在推动经济增长与社会发展的过程中，同样会带来巨大的金属矿产资源需求。农业生产效率的提高作为城镇化发展的前提条件，也会推高金属矿产资源需求。人口增长则主要通过人口总量的增长与人均矿产资源消费量的提高这两方面因素推高金属矿产资源消费量。技术进步一方面使矿产资源的开采成本持续下降，推动开采更多的、可获取的金属矿产资源；另一方面能够通过发现新的资源储量鼓励更多的金属矿产消费。因此，本节主要阐述工业化进程、城镇化发展、人口增长与技术进步是如何推动金属矿产资源消费的。

一、工业化进程

工业生产本身是一种直接或间接利用自然资源（包括矿产资源）进行生产的过程，这使得工业生产的顺利进行需要矿产资源的支撑，进而使得工业化进程的推进往往会表现出对矿产资源的依赖性。世界范围内的工业化实践历程也表明，工业化演进的历史同样是一部人类不断深入认识、开发、利用金属矿产资源的历史。在前工业化阶段，由于工业所占比重不及农业，一国对金属矿产资源需求相对较少，金属矿产资源消费水平很低；在工业化初期，随着人类开发利用金属矿产资源的能力不断增强与国民经济中工业比重的上升，一国金属矿产资源需求开始增加；在工业化中期，随着工业比重的进一步上升与产业结构完成以轻工业为主向以重化工业为主的转变，一国金属矿产资源需求急剧增加并最终达到峰值；步入工业化后期后，随着重工业在工业结构中比重下降与高技术产业在工业结构中开始占据主体地位，一国对金属矿产资源需求步入下降轨迹；到了后工业化阶段，受工业结构向高端升级与第三产业在国民经济中占据主体地位影响，一国对金属矿产资源的需求进一步下降并逐步维持在一个较低水平，与此同时，一国对稀有矿产资源的需求将逐步上升，因为稀有矿产资源将成为现代制造业尤其是战略性新兴产业和国防工业的关键原材料。伴随工业化进程在全球不同国家与地区的演进，全球工业中心也在不断转移。一开始，作为工业文明的发源地与全球最早实施工业化国家的英国是全球金属矿产资源消耗最多的国家；之后，随着美国取代英国成为全球第一大工业国，世界金属矿产资源消耗最多的国家又从英国变成了美国；第二次世界大战后，随着德国、日本等国家加速推进本国的工业化进程，这两个国家的金属矿产资源消耗量迅速上升，并逐渐成为全球金属矿产资源消费的重要驱动力量；进入 21 世纪后，一方面，发达国家相继完成工业化并进入后工业化阶段，对金属矿产资源的需求量逐渐下降，另一方面，随着发展中国家逐渐步入工业化加速阶段，其对金属矿产资源的需求则不断上升，进而中国、印度等发展中国家又逐渐成为驱动全球金属矿产资源消费的主要力量，特别是中国正逐渐成为另一个全球金属矿产资源消耗中心。这表明伴随着工业化进程在全球不同国家与地区的演进，全球工业中心在转移过程中会对全球金属矿产资源消耗格局产生重要影响。因此，从全球金属矿产资源消耗格局的演进历程也可以印证，金属矿产资源消耗和工业化进程的推进存在极其紧密的关系。

二、城镇化发展

城镇化是人类社会发展的必然趋势，其通过聚集生活与生产活动能产生巨大的集约效应，进而推动经济增长与社会发展，在此过程中，城镇化也会带来巨大的金属矿产资源需求。一般来说，城镇化对金属矿产资源需求的影响主要体现在以下几方面：

1. 城镇化与工业化互为依托、密不可分，而工业生产往往需要消费大量金属矿产资源。工业化能够为城镇化提供物质技术基础，是城镇化的重要推动力量；反过来城镇化的推进也会促进工业化，为工业化提供良好的发展条件。如前文所述，工业作为国民经济各部门中金属矿产资源消耗“大户”，伴随工业化的推进必然意味着金属矿产资源的大量消耗。

2. 城镇化过程中居民生活水平提高与消费结构升级引发高资源消耗型产品消费量增加，进而导致金属矿产资源消耗量增加。在城镇化过程中，伴随人们生活水平的提高与消费结构升级，居民对空调、冰箱、汽车等高资源消耗型商品的消费量逐渐增加，由于这些商品在制造、使用、维修与保养过程中均需要消耗大量的金属矿产资源。因此，城镇化推进过程中势必将导致金属矿产资源消费量的增加。

3. 大规模基础设施建设是城镇化顺利推进的必要条件，而大规模基础设施建设需要消耗大量金属矿产资源。城镇化发展往往意味着大规模基础设施建设，而铁路、大桥、高速公路等大规模基础设施建设则需要消耗大量的铜材、铝材、钢材等金属矿产资源。

4. 农业生产效率的提高是城镇化发展的前提条件，而农业生产效率的提高又推高了金属矿产资源需求。农民市民化，即农村人口大量聚集与迁移到城镇是城镇化的重要特征，这意味着农村人口减少，城镇人口增加。为了在农业人口减少的情况下保证粮食、蔬菜等农产品的稳定供应，农业生产效率的提升就成为城镇化发展的前提条件。因此，提高农业机械化生产水平成为提升农业生产效率的主要措施，而这会带动拖拉机、收割机、插秧机、旋耕机、微耕机等农用机械品需求的上升，而这些农用机械品的背后则是对金属矿产资源的大量消耗。

三、人口增长

金属矿产资源消费与人口增长密切相关。即使人均金属矿产资源消耗量保持不变，随着人口的增长，人类对金属矿产资源的需求也会逐渐增加。从人类社会发展历史来看，在原始社会，人类的生产力水平低下，产出仅够维持人口的简单再生产，因此这一时期人口很少，人口增长率也极低，进而对金属矿产资源的需求也很低；进入奴隶社会和封建社会后，和原始社会相比，人类的生产力水平得到了较大程度的提升，社会产出不断增加为人口数量的增长奠定了良好的物质基础，随着人口数量的增加，人类社会对金属矿产资源的需求也日益增长；进入近现代社会之后，特别是工业革命以来，科学技术的进步大大提高了人类社会的生产力，促进了经济社会的大繁荣和社会物质财富的快速积累，社会财富的快速增多导致全球人口增长率急剧上升，人口总量呈指数增长态势，进而人类对金属矿产资源的消费也达到了一个前所未有的水平。另外，金属矿产资源消费与人口增长的关系不仅仅体现在人口绝对数量的上升引发金属矿产资源消费量增长，人均金属矿产资源消费量的提高也是推动金属矿产资源消费量增长的重要因素，特别是进入工业社会以来，伴随经济社会的大繁荣和社会物质财富的快速积累，人们的生活质量得到显著提升，汽车、家电等耐用消费品的需求也相应迅速提高，进而导致人均金属矿产资源消费量大增。根据世界银行数据库和美国地质调查局公布的数据显示，1960—2014 年，全球人口总量从 30. 35 亿增加到 72. 61 亿，增长了 1. 39 倍；与此同时，全球铜、铁、铝、锌的产量分别从 394 万吨、51400 万吨、449 万吨和 309 万吨增加到 1840 万吨、222000 万吨、5050 万吨和 1330 万吨，40 余年间分别增长 3. 67 倍、42. 19 倍、10. 25 倍与 3. 3 倍，即同期这些金属矿产资源消费量确实高于人口增长率。

四、技术进步

矿产资源领域的技术进步主要是指各种勘探、采选、冶炼与使用矿石的方法创新，各种方法创新极大地拓宽了金属矿产资源开发利用的广度和深度，实现利用品质较低的矿石生产金属矿产品，进而减少金属矿产资源的生产成本。一般来说，金属矿产资源开发首先倾向于开发较容易开采的资源储量，随着金属矿产资源消费总量的持续增长，当较容易开采的资源储量被耗尽后，处在地壳深处或海底的资源储量就开始进入金属矿产资源的开发范围。不过，处在这些环境中的矿产资源对勘探、采选等技术要求较高，在一定时期内，受勘探、采选等技术限制，开发利用处在这些环境中的金属矿产资源或者是不可能的或者不存在经济性。此时，一次重大的技术突破不仅会使开发利用处在地壳深处或海底的资源储量成为现实，通过发现新的金属资源储量鼓励更多的金属矿产消费，还可能在一定时期内使金属矿产资源的开采成本持续下降，推动开采更多的、可获取的金属矿产资源。即技术进步可以让人类在即将发生金属矿产资源短缺的情况下，让金属矿产资源供应量在合理成本条件下有数量级的增长。如球团（pelletization）技术的发明就极大地降低了从铁矿石中生产铁的成本，提高了铁矿石的供应量。球团技术发明之前，铁的提取主要来自含铁量50%—65%以上的标准矿石，但地壳中存在着大量含铁量低于30%的角岩矿，却并没有行之有效又经济可行的技术手段。球团技术是在矿石进入高炉前，在采矿厂处理和浓缩这些矿石的过程。球团技术通过降低能源需求与提高高炉产出等方式显著地降低了应用角岩矿这一低品质矿石的成本，使角岩矿的开采使用具备了经济性，进而极大地扩大了铁矿石的供应量。

第二节　金属矿产资源消费的环境效应

金属矿产资源消费的环境效应包括金属矿产资源开发利用对环境产生的直接影响与间接影响。金属矿产资源消费对环境的直接影响是指金属矿产资源的消费必然会将大量废弃物排放到自然界中。金属矿产资源消费对环境的间接影响是指金属矿产资源在用于消费之前，需要将其从金属矿山中开采出来并通过冶炼加工等工序将蕴藏在地下的矿产资源转换成矿产品，在这一过程中，金属矿产资源的开发利用会对环境产生诸多影响。金属矿产资源消费的环境效应在很大程度上是指金属矿产资源开放利用对矿区原有的生态环境的影响。比如，金属矿产资源的开发利用会耗费大量的土地资源，这些土地因金属矿产资源开发导致原有的生态系统被破坏甚至彻底消失，且日后这些土地又无法直接成为能够进一步满足某种社会经济目的的用地。总体来说，金属矿产资源开发利用主要通过以下5个过程对生态环境产生影响：一是金属矿产资源开采活动引起的对土地资源的直接破坏，地下开采方式会引发地面坍塌，破坏土地和植被，露天开采方式会直接破坏植被和地表体层；二是金属矿产资源开采过程中产生的废弃物需要占用大面积的场地，会过度占用土地资源，堆置场本身也是对原有生态环境的一种破坏；三是金属矿产资源开采过程中产生的毒性、碱性、酸性或重金属成分通过大气飘尘与径流污染周围的水、土与大气环境；四是采矿过程中爆破、采掘、运输等活动产生的高强度震动和噪声对生态环境造成巨大影响；五是金属矿产资源开发活动会造成大面积的森林树木遭到砍伐，植被减少，这不可避免地改变了区域内动植物的生存环境。据此，本节分别从土地资源、水环境、大气环境、声环境以及生物群落等几方面详细分析金属矿产资源开发利用活动对生态环境的影响。

一、金属矿产资源开发利用对土地资源的影响

受赋存条件影响，金属矿产资源的开发利用需要占用大量农田、草原等土地资源，有时金属矿产资源的开发利用还会引起地表下沉形成露天采空区进而破坏土地资源。具体来说，金属矿产资源开发利用对土地资源的影响主要体现在以下6方面：

（一）引发表土层品级下降，价值降低

矿山基建剥离阶段一般需消耗并遗弃大量有用土壤层，这在造成大面积水土流失的同时，还会让矿区土地资源受到严重侵蚀，进而引发矿区表土层品级下降，价值降低。

（二）造成岩土混合，表土层杂乱

岩石通常会在剥离覆盖的表土与岩石过程中发生混入，加之剥离物自身常常夹杂表土或岩石，这些成分各异的混合物体不仅会破坏原壤的良好层序，影响植被生长条件，还非常不利于日后岩土的改造利用。

（三）侵蚀污染土地，致其带强化学性

经矿产资源开采后，土地的抗蚀性能会因丧失表土和植被而大大降低，加之地下水潜流侵蚀、雨水径流冲刷，往往会发生影响水质的某些化学变化，污染沿途径流所至的土壤，并可能使经矿产资源开采后的土地成为矿毒地。比如，硫铁矿的水质及其滤清的岩土 pH 值约为 2—4，呈强酸性。另外，若土地含铁量达到 11% 及以上，会与重金属置换或生物金属络合，进而产生毒性，因此铁矿的铁锈水也会导致污染。

（四）造成地面沉陷，导致洪涝和盐碱化

地下开采金属矿产之后，采空区矿柱经过长时间的荷载，其中的薄弱部分会受到风化、地震等作用的破坏，采空区顶板会在矿柱破坏率超过 60% 后发生下落，并可能波及地表使其从原有标高下沉，最终在采空区上方形成巨大的地表下沉盆地，进而引发地表张裂与沉陷，最终可能会破坏建筑物。另外，矿产资源开采导致的地表沉陷会导致地势变低，提高潜水位，这一方面提高了旱季潜水蒸发强度，导致地下水更易携带盐分上升至地表，引发土地盐碱化；另一方面会引发地下与地面径流不畅，导致雨季易出现洪涝，引发土地沼泽化。土地的盐碱化和沼泽化会抑制作物生长，甚至导致部分盐碱土地寸草不生，引发严重的环境问题。

（五）形成采空区，占用大片土地

首先需要把覆及矿层与其四周的岩层和表土剥离之后才能进行金属矿产资源的露天开采，但这一过程对土地资源的破坏相当严重。一方面，直接挖损会形成露天采空区；另一方面，需要设置占地面积巨大的排土场以存放比矿石量多几倍的岩石和土。此外，被挖损彻底破坏的土地，不经复垦将没有任何使用价值。

(六) 矿业企业生产过程产生废渣，污染土地

金属矿产资源在开采过程中，首先需要剥离围岩，排出废石，接着将采得的矿石洗选以提高品质，之后将尾矿排除。因此，矿业企业在开采和选洗矿石过程中会产生大量的尾矿和废石，并占用大面积的场地，进而导致过度占用土地资源。表 5－1 表明，现阶段我国金属矿产资源行业产生的一般工业固体废弃物和危险废物对土地环境造成了较大影响。其中，2014 年，黑色金属矿采选业产生的一般工业固体废弃物和危险废物分别为 68173.4 万吨和 0.22 万吨；有色金属矿采选业产生的一般工业固体废弃物和危险废物分别为 36529.8 万吨和 137.35 万吨；黑色金属冶炼及压延加工业产生的一般工业固体废弃物和危险废物分别为 43601.4 万吨和 131.9 万吨；有色金属冶炼及压延加工业产生的一般工业固体废弃物和危险废物分别为 11923.7 万吨和 584.2 万吨；金属制品业产生的一般工业固体废弃物和危险废物分别为 625 万吨和 86.4 万吨。

表 5－1　2014 年中国金属矿产资源行业废物排放情况　单位：万吨

行业	一般工业固体废弃物产生量	危险废物产量
黑色金属矿采选业	68173.4	0.22
有色金属矿采选业	36529.8	137.35
黑色金属冶炼及压延加工业	43601.4	131.90
有色金属冶炼及压延加工业	11923.7	584.24
金属制品业	625	86.44
合计	16085.3	940.15

资料来源：《中国环境统计年鉴（2015 年）》。

二、金属矿产资源开发利用对水环境的影响

金属矿产资源开发利用对水环境的破坏也较为严重，在部分地区矿产开采活动引发的水污染问题已成为危害居民健康的重要因素。根据《中国环境统计年鉴（2015 年）》中的数据显示，我国金属矿产行业废水排放量巨大。2014 年，我国黑色金属矿采选业、有色金属矿采选业、黑色金属冶

炼及压延加工业、有色金属冶炼及压延加工业和金属制品业的工业废水排放量分别为 19712 万吨、47971 万吨、85751 万吨、30986 万吨和 33385 万吨（见表 5 －2），分别占所有行业工业废水排放量的 1.05%、2.57%、4.59%、1.66%和 1.79%，这 5 个行业工业废水总排放量占所有行业工业废水排放量的比例合计达到 11.65%。

表 5 －2　　2014 年中国金属矿产资源行业工业废水排放情况

行业	工业废水排放量（万吨）	占所有行业排放总量的比重（%）
黑色金属矿采选业	19712	1.05
有色金属矿采选业	47971	2.57
黑色金属冶炼及压延加工业	85751	4.59
有色金属冶炼及压延加工业	30986	1.66
金属制品业	33385	1.79
合计	217805	11.65

资料来源：《中国环境统计年鉴（2015 年）》。

一般来说，金属矿产资源开采活动主要通过以下 3 种方式污染水环境：

（一）疏干排水导致地下水位下降

采矿需疏干排水，这会改变地下水循环条件和地表渗透条件，使地下水原本的赋存状态被人为强制改变，造成地表水系中的成分变化、地表变形（沉陷、塌陷）和大面积地下水位下降，而大面积地下水位下降往往会产生“井越打越深，泵越换越大，钱越花越多，水越抽越少”的问题。与此同时，地下水位下降还会导致供水水源减小或枯竭，使人们急需的淡水资源日益匮乏，继而对人们生活用水、生产活动用水造成巨大影响。

（二）矿产废物成稳定地下水污染源

金属矿产资源开发过程中产生的尾矿和废石长期处于风蚀、氧化、溶滤等过程中，使得各种有害物质或有毒矿物成分经水循环进入地下水、土壤和农田，从而导致地下水、地表水体长期遭受化学污染。比如，低品位黄铁矿在硫化矿床的开采过程中会随矿石开采、堆放被送进废石场，经风化、雨水侵蚀后会产生酸性水。因此，倘若没有妥善处理因金属矿产资源开发所带来的尾矿库与废石场，其将成为稳定的地下水污染源。

（三）采矿活动致有害元素直接进入水体与矿业废水对水体造成严重污染

金属矿产资源开发过程中揭露矿体导致有害元素直接进入水体与矿业产生的未经高标准清洁处理的工业废水同样会对水体造成严重污染。加之铁、铅、钴、铜、锌等多种金属本身就会严重污染矿山周边河流、湖泊与地下水等水环境。正因如此，由各冶金矿山的外排水中重金属污染、硝基苯污染与浮选药剂污染引发的水体污染十分常见。

三、金属矿产资源开发利用对大气环境的影响

金属矿产资源开发利用对大气环境的影响主要体现在两方面。一方面，矿业企业在生产过程中会产生大量的工业废气、二氧化硫，进而污染大气环境；另一方面，金属矿产资源开发过程本身产生大量的矿渣和粉尘会对大气环境造成巨大影响。金属矿产资源开发产生矿渣和粉尘的过程主要有以下两种方式：一是露天开采的矿山会产生大量的矿渣和粉尘；二是尾矿库中的尾矿和排土场内的废石中含有大量的矿渣和粉尘。这些粉尘在大风的作用下随风飞扬污染大气。这些粒度不一的微粒通过呼吸系统进入人体后或沉淀于肺叶中或被吸收到淋巴液和血液内，随后输送至全身各个部分并对人身健康造成危害。“尘肺”作为人们所熟知的一种职业病就是因长期吸入被粉尘污染的空气而引起的一种疾病。另外，矿区内矿渣、粉尘飞扬巡天蔽日，会导致日照量大大减少，紫外线的辐射也会减弱，这会对儿童的发育造成影响。

表5-3表明，现阶段我国金属矿产行业废气、二氧化硫和烟（粉）尘排放量巨大，对大气环境造成了较大影响。其中，2014年，黑色金属冶炼及压延加工业的工业废气、工业二氧化硫和工业烟（粉）尘排放量分别为181694亿立方米、2150358吨和4271819吨，是金属矿产资源行业中对大气污染最严重的行业；有色金属冶炼及压延加工业的工业废气、工业二氧化硫和工业烟（粉）尘排放量分别为36166亿立方米、1229750吨和384801吨；金属制品业的工业废气、工业二氧化硫和工业烟（粉）尘排放

量分别为5677亿立方米、117443吨和70087吨；黑色金属矿采选业的工业废气、工业二氧化硫和工业烟（粉）尘排放量分别为3158亿立方米、24439吨和94393吨；有色金属矿采选业的工业废气、工业二氧化硫和工业烟（粉）尘排放量分别为1282亿立方米、14648吨和20392吨。

表5-3　2014年中国金属矿产资源行业大气污染情况

行业	工业废气（亿立方米）	工业二氧化硫排放量（吨）	工业烟（粉）尘排放量（吨）
黑色金属矿采选业	3158	24439	94393
有色金属矿采选业	1282	14648	20392
黑色金属冶炼及压延加工业	181694	2150358	4271819
有色金属冶炼及压延加工业	36166	1229750	384801
金属制品业	5677	117443	70087
合计	227977	3536638	4841492

资料来源：《中国环境统计年鉴（2015年）》。

四、金属矿产资源开发利用对声环境的影响

在金属矿产资源开采过程中，各种大型打夯机、推土机、挖掘机和运输车辆等设备的使用，以及在采矿过程中爆破、采掘、运输等活动都不可避免地会产生高强度的震动和噪声，进而对生态环境造成巨大影响。长期在噪声较强的工作环境中工作和生活会引起听觉疲劳，使听觉功能退化，导致人们的听觉敏感性下降。特别是如果长期无防护地在强烈噪声的环境中持续工作，听力损失会逐渐加重甚至不能恢复，造成噪声性耳聋。另外，爆破产生的极其强烈的噪声会造成听觉器官的急性损伤，也可导致耳聋。正因如此，生活在矿区的人，老年出现耳聋的时间普遍比其他低噪声地区的人早。除此之外，长期在噪声较强的工作环境中工作和生活会对人体全身各系统特别是神经、心血管和内分泌系统产生不良影响。噪声具有强烈的刺激性，倘若长期作用于中枢神经系统，可使大脑皮层的兴奋与抑制过程失调。噪声对交感神经有兴奋作用，可导致心动加速、心律失常、心肌受损等。

五、金属矿产资源开发利用对生物群落的影响

金属矿产资源开发活动会造成大面积的森林和树木遭到砍伐，植被减少。森林和植被是陆地生态的主体，具有调节气候、涵蓄水分、调节河流径流、减少旱涝灾害和维持全球生态平衡的功能，森林和植被的减少不可避免地会改变区域内动植物的生存环境。再加上受水文地质条件欠佳影响，经金属矿产资源开采后的土壤不断退化，与此同时，裸露土地的不断扩大会导致温度场发生改变，不仅会减弱温度缓冲效果，还会影响局部地区小气候，改变地区降雨量与相对湿度。上述一系列因素会影响植物的正常更替与生长发育，最终导致生物多样性减少，湿地缩减，土地沙化、碱化、荒漠化等一系列生态退化问题，从而影响社会经济的健康可持续发展。

第三节　本章小结

工业化进程、城镇化发展、人口增长与技术进步是推动金属矿产资源消费的主要因素。世界范围内的工业化实践历程表明，工业化演进的历史同样是一部人类不断深入认识、开发、利用金属矿产资源的历史，工业化进程中金属矿产资源消费总量及其结构往往会表现出阶段性特征；从全球金属矿产资源消耗格局的演进历程也可以印证，金属矿产资源消耗和工业化进程的推进存在极其紧密的关系。城镇化在推动经济增长与社会发展的过程中，也会带来巨大的金属矿产资源需求。这主要是因为：城镇化与工业化互为依托、密不可分，而工业生产往往需要消耗大量金属矿产资源；城镇化过程中居民生活水平提高与消费结构升级引发高资源消耗型产品消费量增加，进而导致金属矿产资源消耗量增加；大规模基础设施建设是城镇化顺利推进的必要条件，而这同样需要消耗大量金属矿产资源；农业生产效率的提高作为城镇化发展的前提条件，也会推高金属矿产资源需求。人口增长则主要通过人口总量的增长与人均金属矿产资源消费量的提高这

两方面因素推高金属矿产资源消费量。技术进步一方面可使一定时期内金属矿产资源的开采成本持续下降，推动开采更多的、可获取的金属矿产资源；另一方面能够通过发现新的资源储量鼓励更多的金属矿产消费。

金属矿产资源作为支撑工业化进程的物质基础，一方面，工业化的推进需要从自然界获取各种金属矿产资源；另一方面，工业化过程中金属矿产资源开发程度的提高和消耗强度的上升必然会对生态环境造成一系列负面影响。在工业革命之前，人类社会金属矿产资源开发程度和消耗强度都比较低，再加上生态环境自身强大的自我更新与自我净化能力，金属矿产资源开发利用活动对环境的负面影响较小。工业革命之后，尤其是20世纪80年代之后，全球工业化进程加速带来的金属矿产资源开发程度和消耗强度的提高，使得金属矿产资源开发利用活动对生态环境的负面影响远远超过了生态环境自我更新与自我净化能力，金属矿产资源开发利用引发的土地资源破坏、水体污染、大气污染、噪声污染以及对生物群落的破坏等生态环境问题逐步显现。实际上，金属矿产资源开发利用对生态环境的负面影响主要是由于人们在追求自身经济利益最大化的过程中忽视了对生态环境的保护和治理。即在金属矿产资源开发利用过程中，由于不重视金属矿产资源综合利用、矿区生态环境保护与治理，对矿区造成较大的破坏和污染，对矿区地表植被、生态景观与生物多样性产生严重影响，甚至造成矿区生态衰退。显而易见的是，这种影响是典型的负外部性，会导致社会福利减少。

第六章　工业化进程中金属矿产资源消费的实证研究

金属矿产资源是经济社会发展与工业化的重要物质基础。美国经济调查局与地质调查局的数据显示，1900—2014 年，美国的实际人均 GDP（以 2010 年为基期）从 6120 美元增长到 50676 美元，增长了 7.3 倍；与此同时，美国铅、铜、锌、锡、铁和铝的年消费量从 1900 年的 25.3 万吨、16.6 万吨、9.02 万吨、3.17 万吨、2890 万吨和 0.23 万吨分别增长到 2014 年的 167 万吨、178 万吨、96.5 万吨、40 万吨、4590 万吨和 508 万吨，分别增长了 5.6 倍、9.7 倍、9.7 倍、11.6 倍、1.6 倍和 2209 倍。历年《中国有色金属工业年鉴》《中国钢铁工业年鉴》与世界银行的数据同样显示，1994—2014 年，中国的实际人均 GDP（以 2010 年为基期）从 1112 美元增长到 6033 美元，增长了 4.4 倍；与此同时，中国铅、铜、锌、锡、铁和铝的年消费量从 1994 年的 24.4 万吨、51.2 万吨、36.9 万吨、2.55 万吨、29102 万吨和 86 万吨分别增长到 2014 年的 419.94 万吨、1135.23 万吨、642.04 万吨、19.26 万吨、244634 万吨和 2407 万吨，分别增长了 16.2 倍、21.2 倍、16.4 倍、6.6 倍、8.4 倍和 28 倍。这些均表明，金属矿产资源是工业化顺利推进的必要支撑。

当前，随着中国经济发展进入新常态，中国工业化面临的资源约束日益严峻。未来，金属矿产资源的生产与消费仍将是中国大力推进工业化的重要物质基础，研究金属矿产资源消费与工业化之间存在的内在关系具有重要的理论价值与现实意义。因此，本章对工业化进程中金属矿产资源消费驱动因素的影响进行了测算，以期为未来工业化过程中中国维持矿产资源稳定供应提供理论依据与有益借鉴。

第一节 实证模型设计

一般来说，从长期看，在工业化进程中，不同国家对金属矿产资源的消费规律会呈现出一系列共性特点，但在短期内，由于不同国家制度环境、经济发展水平、产业结构、资源政策不尽相同，它们对金属矿产资源的消费特征又不尽相同。这使得不同国家工业化进程中金属矿产资源消费特征很可能与 PMG（Pooled Mean Group）估计法对组间长期斜率系数与短期斜率系数所做的假设不谋而合。PMG 估计法由 Pesaran 等在 1999 年提出，该估计方法在允许面板数据组间长期斜率系数相等的同时，假设短期内组间斜率系数、截距项与残差方差是不同的。对于观察期 T 比较小的面板数据，一般多采用固定效应估计量、随机效应估计量或联合固定效应估计量与工具变量估计量进行估计。这些方法在允许组间截距项可以存在差异的同时，均假设组间斜率系数都相同。然而，观察期 T 比较大的面板数据的渐进性与传统的 T 比较小的面板数据不同。对于观察期 T 比较大的面板数据，Pesaran 和 Smith（1995）指出斜率系数在组间都相等的假设是不恰当的。对于 T 比较大的面板数据，如果机械地运用上述传统面板估计方法，容易导致估计结果不一致甚至得出错误结论。对此，Pesaran 和 Smith（1995）提出用 MG（Mean Group）估计量对观察期 T 比较大的面板数据进行估计。但这一估计方法走向了另一个极端，其对于组间斜率系数与截距项均不相等的假设过于强烈，因为实际上可能存在部分组间斜率系数相等的情况，进而使得 MG 估计法因为需要估计太多的参数而导致估计效率下降。于是，Pesaran 等（1999）在此基础上进一步发展出了 PMG（Pooled Mean Group）估计量。PMG 模型的假设比固定效应估计模型和随机效应模型更贴近现实，进而得到的估计量拥有更高的一致性。与此同时，与 MG 估计法相比，PMG 估计法因为增加了约束条件进而减少了自由度的损失，使得其估计效率更高。另外，对于观察期 T 比较大的动态面板数据，采用

PMG 估计法还可以克服大样本性质下非平稳面板数据的伪回归问题。

鉴于上述原因，为更加全面、详细、动态地对工业化进程中金属矿产资源消费问题进行研究，本章参照 Stuermer（2013）的研究方法，采用 PMG 估计法考查人均制造业增加值、矿产品价格对矿产品消费的长期协整关系和短期冲击关系。与以往研究不同，本章采用人均制造业增加值而不是人均 GDP 作为解释变量，这主要是基于以下两方面因素考虑：一方面，矿业被包含在 GDP 中但不属于制造业，因此，如果一个国家在国内生产金属矿产资源，那么使用人均 GDP 作为解释变量容易产生反向因果问题，而使用人均制造业增加值则可以避免这一问题；另一方面，金属矿产品的消费过程并不像一般产品那样直接通过消费者购买的方式实现，矿产资源的需求是一种引致性需求，金属矿产品主要是作为制造业中的投入品用于半成品与最终产品的生产，因此，使用人均制造业增加值作为解释变量有利于更好地控制由技术变化与消费者偏好转变所引发的经济部门转移，比如经济结构由制造业向服务业转移。

本章参照 Stuermer（2013）的研究分析，假设一国当期的人均矿产资源消费除受当期的矿产资源价格与人均制造业增长值影响外，还受过去时期的人均矿产资源消费、矿产资源价格与人均制造业增加值影响，从而我们可以建立如下模型：

$$c_{i,t} = \sum_{j=1}^{p}\lambda_{i,j}c_{i,t-j} + \sum_{n=0}^{q}\delta_{i,n}y_{i,t-l} + \sum_{m=0}^{r}\gamma_{i,m}p_{i,t-m} + \mu_i + \varepsilon_{it} \quad (6.1)$$

其中，i 表示国家；t 表示年份；$c_{i,t}$表示 i 国在 t 时期内的人均矿产资源消费量；$y_{i,t}$表示 i 国在 t 时期内的人均制造业增加值；$p_{i,t}$表示 i 国在 t 时期面临的矿产资源价格；$\lambda_{i,j}$、$\delta_{i,n}$、$\gamma_{i,m}$均为组间斜率系数，分别表示人均矿产资源消费量滞后值、人均制造业增加值的当期值和滞后值、矿产资源价格当期值和滞后值对人均矿产资源消费量当期值的影响；μ_i 表示国别特征的截距项；ε_{it}表示随机扰动项。

如果式（6.1）中的所有变量都是一阶协整的，即 I（1）过程，那么随机扰动项 ε_{it}就是平稳的，式（6.1）可以重新写成如下形式的一阶自回归分布滞后模型：

$$c_{i,t}=\lambda_{i,1}c_{i,t-1}+\delta_{i,0}y_{i,t}+\delta_{i,1}y_{i,t-1}+\gamma_{i,0}p_{i,t}+\gamma_{i,1}p_{i,t-1}+\mu_i+\varepsilon_{it} \tag{6.2}$$

重新参数化式（6.2）可以得到如下误差修正模型：

$$\Delta c_{i,t}=\Phi_i(c_{i,t-1}-\theta_{0,i}-\theta_{1,i}y_{i,t}-\theta_{2,i}p_{i,t})+\alpha_{i,1}\Delta y_{i,t}+\beta_{i,1}\Delta p_{i,t}+\varepsilon_{it} \tag{6.3}$$

其中，式(6.3)中括号部分是误差修正项，表示的是变量间的长期关系；参数 Φ_i 度量了对长期均衡偏离的调整速度，如果为0，则变量之间不存在长期均衡关系，如果为负，则表明变量间存在长期均衡关系，且会以 Φ_i 的速度对短期内的非均衡状态进行修正以恢复均衡水平；$\theta_{0,i}=\mu_i/(1-\lambda_{i,1})$ 是均衡时的截距项，$\theta_{1,i}=(\delta_{i,0}+\delta_{i,1})/(1-\lambda_{i,1})$ 表示人均制造业增加值的长期效应，$\theta_{2,i}=(\gamma_{i,0}+\gamma_{i,1})/(1-\lambda_{i,1})$ 表示矿产品价格的长期效应；$\alpha_{i,1}$ 和 $\beta_{i,1}$ 分别代表人均制造业增加值与矿产品价格的短期效应。

第二节　变量说明与数据来源

一、变量说明

铜、铅、锌、锡、铁、铝等金属矿产资源在工业中具有广泛的用途，在工业化进程中发挥了重要的作用。不过，由于英国地质调查局仅提供英国、德国、法国氧化铝的产量与进出口数据，因此本章利用氧化铝数据考察工业化过程中铝矿的消费特征。综合考虑数据的可得性与矿产资源的代表性，本书以铜、铅、锌、锡、铁、铝这 6 种矿产资源为代表，对美国、英国、德国、法国与中国 5 个主要工业化国家的金属矿产资源消费问题进行研究。书中涉及的变量主要包括人均矿产资源消费量、人均制造业增加值与矿产资源价格。其中，以当期人均矿产资源消费量为被解释变量，以当期与滞后期的人均制造业增加值、当期与滞后期矿产资源价格和滞后期的人均矿产资源消费量为解释变量。书中的矿产资源消费量均为表观消费量，人均制造业增加值通过人均 GDP 乘以制造业比重获得。由于无法直接获得英国、德国、法国与中国这 4 个国家的矿产资源价格历史数据，本书以美国矿产资源价格历史数据为基础，用上述 4 国的官方汇率将美国矿产资源历史价格换算成以 4 国本国货币度量的价格，以此表示 4 国面临的矿产资源价格。另外，之所以对矿产资源消费量与制造业增加值取人均值，是为了消除人口增长的影响。

二、数据来源

本章中，美国铜、铅、锌、锡、铁、氧化铝的消费数据来源于美国地质调查局，人口数据来源于美国经济调查局，GDP 平减指数、实际人均 GDP 与制造业比重数据来源均为世界银行数据库，样本观察期为 1970—2014 年；英国铜、铅、锌、锡、铁、氧化铝的消费数据来源为英国地质调查局，GDP 平减指数、人口数据、实际人均 GDP 与制造业比重数据来源为世界银行数据库，除了氧化铝的样本观察期为 1972—2014 年外，其他矿产的样本观察期均为 1970—2014 年；德国与法国铜、铅、锌、锡、铁、氧化铝的消费数据来源为英国地质调查局，GDP 平减指数、人口数据、实际人均 GDP 与制造业比重数据来源均为世界银行数据库，除了氧化铝的样本观察期为 1972—1998 年外，其他矿产的样本观察期均为 1970—1998 年；中国铜、铅、锌、锡、铁、氧化铝的消费数据来源为历年《中国有色金属年鉴》《中国钢铁工业年鉴》与中国统计局，GDP 平减指数、人口数据、实际人均 GDP 与制造业比重数据来源均为世界银行数据库，除了氧化铝的样本观察期为 1998—2014 年外，其他矿产的样本观察期为 1994—2014 年。

第三节 实证过程

一、变量预处理与统计描述

为了剔除价格因素的影响，保证数据的可比性和提高估计的有效性，文中人均 GDP 与矿产资源价格均调整为 2010 年不变价。其中，实际人均 GDP（以 2010 年不变价度量）数据能够直接从世界银行数据库获取，单位为美元/人；矿产资源价格用 GDP 平减指数将各国矿产资源价格数据调整为以2010年为基期的实际价格，除了锡矿价格单位为各国本国货币/克外，其他矿产资源价格单位均为各国本国货币/千克。另外，由于对变量取自然对数变换能够在不改变原变量间关系的基础上，直观地得出各变量的弹性系数。因此，在运用计量软件Stata14.0进行实证分析前，首先对各变量取自然对数，用llead、lcu、lzn、lsn、lfe与lal分别表示取对数后的铅、铜、锌、锡、铁、铝的人均消费量，用lmf、lplead、lpcu、lpzn、lpsn、lpfe、lpal分别表示取对数后的人均制造业增加值、铅价、铜价、锌价、锡价、铁价、铝价。各变量的统计描述见表6-1。

表6-1 各变量原始数据描述性统计

变量名称	类别	均值	标准误	最小值	最大值	样本
llead	总体	1.592	0.736	-1.586	2.339	N=169
	组间		0.816	0.033	1.979	n=5
	组内		0.427	-0.027	2.788	T-bar=33.8
lcu	总体	1.729	0.945	-2.721	2.704	N=169
	组间		0.623	0.871	2.304	n=5
	组内		0.787	-2.198	2.977	T-bar=33.8
lzn	总体	1.717	0.837	-1.172	2.821	N=169
	组间		0.871	0.538	2.639	n=5
	组内		0.478	0.007	2.729	T-bar=33.8
lsn	总体	5.217	0.774	3.063	7.326	N=169
	组间		0.588	4.115	5.535	n=5
	组内		0.631	3.223	7.008	T-bar=33.8
lfe	总体	5.945	0.548	4.427	7.492	N=169
	组间		0.359	5.614	6.353	n=5
	组内		0.437	4.758	7.177	T-bar=33.8
lal	总体	2.753	0.669	-0.294	3.774	N=169
	组间		0.415	2.166	3.285	n=5
	组内		0.514	0.293	3.882	T-bar=33.8
lmf	总体	8.887	0.712	6.256	9.421	N=169
	组间		0.924	7.087	9.277	n=5
	组内		0.195	8.055	9.666	T-bar=33.8

续表

变量名称	类别	均值	标准误	最小值	最大值	样本
lplead	总体	0.945	0.972	-0.388	3.175	N = 169
	组间		1.103	0.078	2.641	n = 5
	组内		0.297	0.252	1.628	T - bar = 33.8
lpcu	总体	1.947	0.991	0.269	4.230	N = 169
	组间		1.084	1.078	3.570	n = 5
	组内		0.378	1.138	2.721	T - bar = 33.8
lpzn	总体	1.170	0.960	-0.437	3.545	N = 169
	组间		1.071	0.286	2.704	n = 5
	组内		0.291	0.447	2.011	T - bar = 33.8
lpsn	总体	-3.462	1.022	-5.263	-1.574	N = 169
	组间		1.036	-4.348	-2.085	n = 5
	组内		0.489	-4.377	-2.506	T - bar = 33.8
lpfe	总体	-2.326	0.986	-3.944	-0.389	N = 169
	组间		1.056031	-3.200522	-0.389	n = 5
	组内		0.3957755	-3.069584	-1.588	T - bar = 33.8
lpal	总体	-0.549	0.950	-1.900	1.335	N = 169
	组间		1.071	-1.433	0.986	n = 5
	组内		0.257	-1.021	0.011	T - bar = 33.8

二、面板平稳性检验

面板平稳性检验方法包括 LLC 检验、HT 检验、Breitung 检验、IPS 检验、Hadri LM 检验和费雪式检验，其中，前 4 种检验方法适用于平行面板的平稳性检验，费雪式检验则适用于非平行面板的平稳性检验。鉴于本书涉及的是非平行面板数据，因此，采用费雪式检验法检验变量的平稳性。检验结果（见表 6 - 2）显示，虽然在含截距项的检验形式下，除了铜的消费量外所有变量的原始数据都拒绝存在单位根的原假设，但在不含截距项和时间趋势项与包含时间趋势项的检验形式下，所有变量的原始数据均无法拒绝存在单位根的原假设。不过经过一阶差分后，除了铁的价格在含有时间趋势项的检验形式下无法拒绝存在单位根的原假设外，其他所有变量在 3 种检验形式下均拒绝了存在单位根的原假设，这说明所有变量经过一阶差分后是平稳的。因此，可以判定原始数据为一阶单整序列，即 I（1）序列，进而可以采用 PMG 估计法对矿产资源消费的动态误差修正模型进行协整分析。

表 6-2　　　　　　各变量平稳性检验结果

	(1)	(2)	(3)
llead	8.736	27.381***	13.442
lcu	2.457	13.867	8.452
lzn	11.928	31.811***	7.342
lsn	5.671	24.327***	5.826
lmf	12.675	33.674***	7.976
lfe	7.146	25.962***	12.509
lal	6.188	21.596**	2.907
lplead	7.424	27.881***	5.759
lpcu	6.870	26.654***	14.256
lpzn	16.893	40.290***	19.103
lpsn	2.410	16.008*	3.415
lpfe	5.813	24.719***	4.043
lpal	10.435	31.637***	7.027
Δllead	60.213***	75.051***	50.858***
Δlcu	50.798***	71.469***	47.256***
Δlzn	68.860***	81.596***	50.978***
Δlsn	57.746***	76.938***	42.604***
Δlfe	48.929***	67.885***	34.509***
Δlal	47.498***	66.037***	39.673***
Δlmf	46.652***	66.638***	34.510***
Δlplead	31.914***	55.865***	18.953**
Δlpcu	60.149***	77.890***	43.933***
Δlpzn	73.631***	88.344***	54.265***
Δlpsn	32.281***	56.226***	21.950**
Δlpfe	23.380***	47.680***	13.596
Δlpal	84.580***	95.322***	65.305***

注：费雪式检验包含 3 种检验形式：（1）不含截距项和时间趋势项；（2）仅含截距项；（3）仅含时间趋势项。该方法的原假设均为数据不平稳；数值为逆卡方统计量；滞后阶数均选择 2 阶；***、**、* 分别表示在 1%、5% 和 10% 的显著性水平上显著。

第四节　实证检验结果分析

在样本期内，美国、英国、法国与德国这 4 个国家的工业化阶段基本处于工业化后期与后工业化时期，而中国则经历工业化初期、工业化中期、工业化后期等工业化阶段。因此，中国在这一时期内对金属矿产资源的需求特征极有可能和美国、英国、法国与德国这 4 个国家有所不同。考虑到这一因素的影响，本章首先利用美国、英国、法国与德国这 4 个国家的有关数据，运用 PMG 估计法对上述模型进行估计，对 4 国工业化进程中 6 种金属矿产资源消费驱动因素的影响进行测算；之后加入中国的数据，并对包含中国在内的 5 国数据再次运用 PMG 估计法对上述模型进行估计，在对 5 国工业化进程中 6 种金属矿产资源消费驱动因素的影响进行测算的同时，通过对比这两种估计结果得出中国在样本期内对全球这 6 种金属矿产资源消费趋势的影响。另外，在运用 PMG 估计法对上述模型进行估计时，加入时间趋势项以反映技术变化对矿产资源消费的影响（若时间趋势不显著则舍去）。

一、4 国金属矿产资源消费的实证检验结果分析

从美国、英国、法国与德国这 4 个国家各个矿种的具体回归结果看（见表 6－3），铅消费量与制造业增加值、铅价的长期协整关系显示，估计出的铅的长期制造业增加值弹性系数为 0.557，P 值为 0.113，在适当提高容忍度的情况下，表明制造业增加值每提高 1% 会引起铅的消费量增加 0.557%；估计出的铅的长期价格弹性系数为 －0.140，在 5% 的显著性水平上显著，表明铅价每提高 1% 会导致铅的消费量减少 0.14%；时间趋势项系数不显著，因此，4 国铅金属消费模型中不包含时间项。从制造业增加值与铅价对铅消费量的短期影响看，误差修正项为 －0.314，在 1% 的显著性水平上显著，表明铅以 0.314 的速度对其短期内的非均衡状态进行修正；铅的制造业增加值短期系数为 1.679，在 1% 的显著性水平上显著，意

味着短期内，制造业增加值每提高1%会带动铅的消费量增加1.679%；铅的短期价格系数为-0.082，在1%的显著性水平上显著，意味着短期内，铅价每提高1%会导致铅的消费量减少0.082%。

表6-3　　　　4国矿产资源消费动态面板估计结果

	llead	lcu	lzn	lsn	lfe	lal
长期						
lmf	0.557 (0.352) 0.113	1.959 *** (0.756)	0.646 ** (0.282)	0.052 (0.441)	0.028 (0.464)	2.769 *** (0.786)
lp	-0.140 ** (0.071)	-0.530 *** (0.190)	-0.168 *** (0.060)	-0.306 *** (0.053)	-0.306 *** 0.083	-0.321 ** (0.139)
t				-0.022 *** (0.004)	-0.017 *** (0.003)	-0.039 *** (0.004)
短期						
ec	-0.314 *** (0.100)	-0.167 (0.126)	-0.321 (0.215)	-0.375 *** (0.100)	-0.345 *** (0.105)	-0.288 *** (0.067)
Δlmf	1.679 *** (0.462)	1.268 *** (0.437)	1.693 *** (0.415)	2.264 *** (0.624)	2.780 *** (0.239)	0.509 (0.807)
Δlp	0.082 *** (0.018)	-0.017 (0.056)	-0.016 (0.082)	0.090 (0.109)	0.159 ** (0.070)	0.030 (0.069)
_cons	-0.968 *** (0.267)	-2.477 (1.864)	-1.005 * (0.565)	1.566 *** (0.447)	1.764 *** (0.535)	-6.299 *** (1.395)
N	144	144	144	144	144	138
n	4	4	4	4	4	4
Log likelihood	111.926	91.684	132.458	91.860	108.433	77.733

注：lp统一表示各矿产资源价格变量，Δ表示一阶差分，括号内是被估计参数的标准差，***、**、*分别表示在1%、5%和10%的显著性水平上显著。

铜消费量与制造业增加值、铜价的长期协整关系表明，估计出的铜的长期制造业增加值弹性系数为1.959，在1%的显著性水平上显著，表明制造业增加值每提高 1% 会引起铜的消费量增加 1.959%；估计出的铜的长期价格弹性系数为 -0.530，在 1% 的显著性水平上显著，表明铜价每提高 1% 会导致铜的消费量减少 0.53%；时间趋势项系数不显著，因此，4 国铜金属消费模型中不包含时间项。从制造业增加值与铜价对铜消费量的短期影响看，误差修正项为 -0.167，P 值为 0.184，在容忍度较高的情况下，可以认为铜以 0.167 的速度对其短期内的非均衡状态进行修正；铜的制造业增加值短期系数为 1.268，在 1% 的显著性水平上显著，意味着短期内，制造业增加值每提高 1% 会带动铜的消费量增加 1.268%；铜的短期价格系数为 -0.017，意味着短期内，铜价每提高 1% 会导致铜的消费量减少 0.017%，但铜的短期价格系数未通过显著性检验。

锌消费量与制造业增加值、锌价的长期协整关系表明，估计出的锌的长期制造业增加值弹性系数为 0.646，在 5% 的显著性水平上显著，表明制造业增加值每提高 1% 会引起锌的消费量增加 0.646%；估计出的锌的长期价格弹性系数为 -0.168，在 1% 的显著性水平上显著，表明锌价每提高 1% 会导致锌的消费量减少 0.168%；时间趋势项系数不显著，因此，4 国锌金属消费模型中不包含时间项。从制造业增加值与锌价对锌消费量的短期影响看，误差修正项为 -0.321，P 值为 0.136，在适当提高容忍度的情况下，可以认为锌以 0.321 的速度对其短期内的非均衡状态进行修正；锌的制造业增加值短期系数为 1.693，在 1% 的显著性水平上显著，意味着短期内，制造业增加值每提高 1% 会带动锌的消费量增加 1.693%；锌的短期价格系数为 -0.016，意味着短期内，锌价每提高 1% 会导致锌的消费量减少 0.016%，但锌的短期价格系数同样未通过显著性检验。

锡的消费量与制造业增加值、锡价的长期协整关系表明，估计出的锡的长期制造业增加值弹性系数为 0.052，表明制造业增加值每提高 1% 会引起锡的消费量增加 0.052%，但锡的长期制造业增加值弹性系数未通过显著性检验；估计出的锡的长期价格弹性系数为 -0.306，在 1% 的显著性水平上显著，表明锡价每提高 1% 会导致锡的消费量减少 0.306%；时间趋势项系数为 -0.022，在 1% 的显著性水平上显著，表明技术进步会使锡的消费量每年减少 2. 2% 。从制造业增加值与锡价对锡消费量的短期影响看，误差修正项为 -0. 375，在 1% 的显著性水平上显著，表明锡以 0. 375 的速度对其短期内的非均衡状态进行修正；锡的制造业增加值短期系数为 2. 264，在 1% 的显著性水平上显著，意味着短期内，制造业增加值每提高 1% 会带动锡的消费量增加 2. 264% ；锡的短期价格系数为 0. 090，但未通过显著性检验。

铁的消费量与制造业增加值、铁价的长期协整关系表明，估计出的铁的长期制造业增加值弹性系数为 0. 028，表明制造业增加值每提高 1% 会引起铁的消费量增加 0. 028% ，但铁的长期制造业增加值弹性系数未通过显著性检验；估计出的铁的长期价格弹性系数为 -0. 306，在 1% 的显著性水平上显著，表明铁价每提高 1% 会导致铁的消费量减少 0. 306% ；时间趋势项系数为 -0. 017，在 1% 的显著性水平上显著，表明技术进步会使得铁的消费量每年减少 1. 7% 。从制造业增加值与铁价对铁消费量的短期影响看，误差修正项为 -0. 345，在 1% 的显著性水平上显著，表明铁以 0. 345 的速度对其短期内的非均衡状态进行修正；铁的制造业增加值短期系数为 2. 780，在 1% 的显著性水平上显著，意味着短期内，制造业增加值每提高 1% 会带动铁的消费量增加 2. 78% ；铁的短期价格系数为 0. 159，但未通过显著性检验。

铝的消费量与制造业增加值、铝价的长期协整关系表明，估计出的铝的长期制造业增加值弹性系数为 2. 769，在 1% 的显著性水平上显著，表明制造业增加值每提高 1% 会引起铝的消费量增加 2. 769% ；估计出的铝的长期价格弹性系数为 -0. 321，在 5% 的显著性水平上显著，表明铝价每提高 1% 会导致铝的消费量减少 0. 321% ；时间趋势项系数为 -0. 039，在 1% 的显著性水平上显著，表明技术进步会使得铝的消费量每年减少 3. 9% 。从制造业增加值与铝价对铝消费量的短期影响看，误差修正项为 -0. 288，在 1% 的显著性水平上显著，表明铝以 0. 288 的速度对其短期内的非均衡状态进行修正；铝的制造业增加值短期系数和短期价格系数分别为 0. 509 和 0. 03，但均未通过显著性检验。

总体上看，估计出的6种矿产资源的制造业增加值长期系数均显著为正，说明制造业增加值的提高会引起矿产资源消费量的增加。对于锡、铁和铝这3种矿产，估计出的时间趋势项均为负，表明技术进步会引起这3种矿产资源消费量的下降。估计出的6种矿产资源的长期价格需求弹性均远小于1，且均在统计上显著，除了锡和铁外，其他矿产资源的短期价格需求弹性均不显著，这反映出价格机制对矿产资源消费的影响主要是在长期，短期作用不明显，且价格变化对这6种矿产资源需求的长期影响均较小。估计出的6种矿产资源的调整系数均为负数，表明铅、铜、锌、锡、铁与铝这6种矿产资源的需求与制造业增加值、矿产品价格间均存在长期误差调整过程。在之前的文献综述中，已经提及不少研究成果论证了金属消费强度下降的态势，但这种态势是在人均GDP因素考察下得出的，而本书的结论表明制造业本身对金属矿产资源的消费强度并不低，结合两方面因素考虑，产业结构变化很可能是影响金属消费强度的关键因素，金属矿产资源整体消费强度下降更多是因为制造业比重下降。

二、5国金属矿产资源消费的实证检验结果分析

加入中国的数据后，再次运用PMG估计法对上述模型进行估计，此时再从各个矿种的具体回归结果看（见表6－4），铅消费量与制造业增加值、铅价的长期协整关系显示，估计出的铅的长期制造业增加值弹性系数为0.803，在5%的显著性水平上显著，表明制造业增加值每提高5%会引起铅的消费量增加0.803%；估计出的铅的长期价格弹性系数为0.129，在10%的显著性水平上显著，表明铅价每提高1%会导致铅的消费量减少0.129%；时间趋势项系数不显著，因此5国铅金属消费模型中同样不包含时间项。从制造业增加值与铅价对铅消费量的短期影响看，误差修正项为－0.280，在1%的显著性水平上显著，表明铅以0.280的速度对其短期内的非均衡状态进行修正；铅的制造业增加值短期系数为2.476，在1%的显著性水平上显著，意味着短期内，制造业增加值每提高1%会带动铅的消费量增加2.476%；铅的短期价格系数为－0.115，符合预期，但未通过显

著性检验。

表 6－4　　5 国矿产资源消费动态面板估计结果

	llead	lcu	lzn	lsn	lfe	lal
长期						
lmf	0.803 ** (0.356)	1.446 *** (0.107)	1.308 *** (0.036)	1.626 *** (0.084)	－0.346 (0.483)	2.885 *** (0.786)
lp	－0.129 * (0.072)	－0.334 *** (0.068)	－0.124 ** (0.049)	－0.303 *** (0.060)	－0.345 *** (0.086)	－0.333 ** (0.141)
t		0.013 ** (0.007)		－0.029 *** (0.004)	－0.017 *** (0.003)	－0.039 *** (0.004)
短期						
ec	－0.280 *** (0.086)	－0.392 (0.254)	－0.433 ** (0.217)	－0.458 *** (0.142)	－0.260 ** (0.109)	－0.224 *** (0.081)
Δlmf	2.476 *** (0.867)	1.452 *** (0.353)	1.864 *** (0.329)	2.261 *** (0.534)	2.675 *** (0.240)	0.472 (0.621)
Δlp	－0.115 (0.193)	－0.020 (0.040)	－0.026 (0.061)	0.088 (0.082)	0.205 *** (0.073)	0.022 (0.055)
_cons	－1.560 *** (0.406)	－3.680 (2.256)	－3.847 ** (1.845)	－4.083 *** (0.959)	2.169 *** (0.915)	－5.142 *** (1.809)
N	164	164	164	164	164	154
n	5	5	5	5	5	5
Log likelihood	113.603	113.766	152.577	99.829	140.606	100.693

注：lp 统一表示各矿产资源价格变量，Δ 表示一阶差分，括号内是被估计参数的标准差，*** 、** 、* 分别表示在 1% 、5% 和 10% 的显著性水平上显著。

铜消费量与制造业增加值、铜价的长期协整关系表明，估计出的铜的长期制造业增加值弹性系数为 1.446，在 1% 的显著性水平上显著，表明制造业增加值每提高 1% 会引起铜的消费量增加 1.446%；估计出的铜的长期价格弹性系数为 －0.334，在 1% 的显著性水平上显著，表明铜价每提高 1% 会导致铜的消费量减少 0.334%；时间趋势项系数为 0.013，在 5% 的显著性水平上显著，表明随着时间的增加铝的消费量每年增加 1.3%，符合预期，因为铜在电子产品领域有广泛的用途，特别是近年来电子消费品的广泛应用带动了铜消费量的增长。从制造业增加值与铜价对铜消费量的短期影响看，误差修正项为 -0.392，P 值为 0.123，在适当提高容忍度的情况下，可以认为铜以 0.392 的速度对其短期内的非均衡状态进行修正；铜的制造业增加值短期系数为 1.452，在 1% 的显著性水平上显著，意味着短期内，制造业增加值每提高 1% 会带动铜的消费量增加 1.452%；铜的短期价格系数为 -0.020，意味着短期内，铜价每提高 1% 会导致铜的消费量减少 0.02%，但铜的短期价格系数未通过显著性检验。

锌消费量与制造业增加值、锌价的长期协整关系表明，估计出的锌的长期制造业增加值弹性系数为 1.308，在 1% 的显著性水平上显著，表明制造业增加值每提高 1% 会引起锌的消费量增加 1.308%；估计出的锌的长期价格弹性系数为 -0.124，在 5% 的显著性水平上显著，表明锌价每提高 1% 会导致锌的消费量减少 0.124%；时间趋势项系数不显著，因此，5 国锌金属消费模型中同样不包含时间项。从制造业增加值与锌价对锌消费量的短期影响看，误差修正项为 -0.433，在 5% 的显著性水平上显著，意味着锌以 0.433 的速度对其短期内的非均衡状态进行修正；锌的制造业增加值短期系数为 1.864，在 1% 的显著性水平上显著，意味着短期内，制造业增加值每提高 1% 会带动锌的消费量增加 1.864%；锌的短期价格系数为 -0.026，意味着短期内，锌价每提高 1% 会导致锌的消费量减少 0.026%，但锌的短期价格系数同样未通过显著性检验。

锡的消费量与制造业增加值、锡价的长期协整关系表明，估计出的锡的长期制造业增加值弹性系数为 1.626，在 1% 的显著性水平上显著，表明制造业增加值每提高 1% 会引起锡的消费量增加 1.626%；估计出的锡的长期价格弹性系数为 -0.303，在 1% 的显著性水平上显著，表明锡价每提高 1% 会导致锡的消费量减少 0.303%；时间趋势项系数为 -0.029，在 1% 的显著性水平上显著，表明技术进步会使得锡的消费量每年减少 2.9%。从制造业增加值与锡价对锡消费量的短期影响看，误差修正项为 -0.458，在 1% 的显著性水平上显著，表明锡以 0.458 的速度对其短期内的非均衡状态进行修正；锡的制造业增加值短期系数为2.261，在1%的显著性水平上显著，意味着短期内，制造业增加值每提高1%会带动锡的消费量增加2.261%；锡的短期价格系数为0.088，但未通过显著性检验。

铁的消费量与制造业增加值、铁价的长期协整关系表明，估计出的铁的长期制造业增加值弹性系数为-0.346，与预期不符，且与4国模型的估计结果一样未通过显著性检验；估计出的铁的长期价格弹性系数为-0.345，在1%的显著性水平上显著，表明铁价每提高1%会导致铁的消费量减少0.345%；时间趋势项系数为-0.017，在1%的显著性水平上显著，表明技术进步会使得铁的消费量每年减少1.7%。从制造业增加值与铁价对铁消费量的短期影响看，误差修正项为-0.260，在5%的显著性水平上显著，表明铁以0.260的速度对其短期内的非均衡状态进行修正；铁的制造业增加值短期系数为2.675，在1%的显著性水平上显著，意味着短期内，制造业增加值每提高1%会带动铁的消费量增加2.675%；铁的短期价格系数为0.205，在1%的显著性水平上显著，意味着短期内，铁价每提高1%会导致铁的消费量增加0.205%，这和一般意义上的价格上升会引起需求下降的价格机制正好相反，可能和国际铁矿石的定价机制导致铁的需求存在价格刚性有关。

铝的消费量与制造业增加值、铝价的长期协整关系表明，估计出的铝的长期制造业增加值弹性系数为2.885，在1%的显著性水平上显著，表明制造业增加值每提高1%会引起铝的消费量增加2.885%；估计出的铝的长期价格弹性系数为-0.333，在5%的显著性水平上显著，表明铝价每提高1%会导致铝的消费量减少0.333%；时间趋势项系数为-0.039，在1%的显著性水平上显著，表明技术进步会使得铝的消费量每年减少3.9%。从制造业增加值与铝价对铝消费量的短期影响看，误差修正项为-0.224，在1%的显著性水平上显著，表明铝以0.224的速度对其短期内的非均衡状态进行修正；铝的制造业增加值短期系数和短期价格系数分别为0.472和0.022，但均未通过显著性检验。

总体上看，除了铁外，估计出的其他5种矿产资源的制造业增加值长期系数均显著为正，说明制造业增加值的提高确实会引起矿产资源消费量的增加。估计出的锡、铁和铝这3种矿产资源的时间趋势项均为负，表明技术进步会导致这3种矿产资源消费量的下降；估计出的铜的时间趋势项为正，表明铜的消费量会随着时间的增加而增加，这主要是因为铜在电子产品领域有广泛的用途，特别是近年来电子消费品的广泛应用带动了铜消费量的增长。估计出的6种矿产资源的长期价格需求弹性均远小于1，且均在统计上显著，除了铁外，其他矿产资源的短期价格需求弹性均不显著，这反映出价格机制对矿产资源消费的影响主要是在长期，短期作用不明显，且价格变化对这6种矿产资源需求的长期影响均较小。估计出的6种矿产资源的调整系数均为负数，表明铅、铜、锌、锡、铁与铝这6种矿产资源的需求与制造业增加值、矿产品价格间均存在长期误差调整过程。同样，5国模型的实证结果同样表明产业结构变化很可能是影响金属消费强度的关键因素，金属矿产资源整体消费强度下降更多是因为制造业比重下降。

另外，通过对比4国模型的实证结果与包含中国在内的5国模型的实证结果可以发现，加入中国的有关数据后，铅、锌、锡和铝的长期制造业产出系数分别从0.557、0.646、0.052和2.769提高到0.803、1.308、1.626和2.885，这表明中国工业化过程中对这4种矿产资源的巨大消费需求使得这4种矿产资源的长期制造业产出系数均有所提高；铜的长期制造业产出系数从1.959降低到1.446，这很可能是由于铜在电子消费品领域应用广泛，而中国在工业化过程中特别是工业化初期，与美国、英国、法国和德国相比，电子信息产业发展相对落后，因此对铜的消费需求也较少，进而拉低了铜的长期制造业产出系数；估计出的铅、铜、锌、锡这4种矿产资源的长期价格需求弹性绝对值分别从0.140、0.530、0.168、0.306减少为0.129、0.334、0.124、0.303，这表明中国工业化过程中对这4种矿产资源的巨大消费需求使得这4种矿产资源的价格弹性均有所下降。

第五节　本章小结

本章以铅、铜、锌、锡、铁与铝等6种矿产资源为代表，在搜集美国、英国、德国、法国与中国相关历史数据的基础上，构建了一个非平衡跨国面板数据，样本期间涵盖1970—2014年。由于在样本期内，美国、英国、法国与德国这4个国家的工业化阶段基本处于工业化后期与后工业化时期，而中国则经历了工业化初期、工业化中期、工业化后期等工业化阶段。因此，中国在这一时期内对矿产资源的需求特征极有可能和美国、英国、法国与德国这4个国家有所不同。考虑到这一因素的影响，本章首先利用美国、英国、法国与德国这4个国家的有关数据，运用PMG估计法对上述模型进行估计，对4国工业化进程中6种金属矿产资源消费驱动因素的影响进行测算；之后加入中国的数据，并对包含中国在内的5国数据再次运用PMG估计法对上述模型进行估计，在对5国工业化进程中6种金属矿产资源消费驱动因素的影响进行测算的同时，通过对比这两种估计结果得出中国在样本期内对这6种金属矿产资源消费趋势的影响。另外，在运用PMG估计法对上述模型进行估计时，加入时间趋势项以反映技术变化对矿产资源消费的影响（若时间趋势不显著则舍去）。实证结论如下：

1. 4国工业化进程中6种金属矿产资源消费的实证结果显示，估计出的6种矿产资源的制造业增加值长期系数均显著为正，说明制造业增加值的提高会引起矿产资源消费量的增加。对于锡、铁和铝这3种矿产，估计出的时间趋势项均为负，表明技术进步会引起这3种矿产资源消费量的下降。估计出的6种矿产资源的长期价格需求弹性均远小于1，且均在统计上显著，除了锡和铁外，其他矿产资源的短期价格需求弹性均不显著，这反映出价格机制对矿产资源消费的影响主要是在长期，短期作用不明显，且价格变化对这6种矿产资源需求的长期影响均较小。估计出的6种矿产资源的调整系数均为负数，表明铅、铜、锌、锡、铁与铝这 6 种矿产资源的需求与制造业增加值、矿产品价格间均存在长期误差调整过程。

2. 包含中国在内的 5 国工业化进程中 6 种金属矿产资源消费的实证结果显示，总体上看，除了铁外，估计出的其他 5 种矿产资源的制造业增加值长期系数均显著为正，说明制造业增加值的提高确实会引起矿产资源消费量的增加。估计出的锡、铁和铝这 3 种矿产资源的时间趋势项均为负，表明技术进步会导致这 3 种矿产资源消费量的下降；估计出的铜的时间趋势项为正，表明铜的消费量会随着时间的增加而增加，这主要是因为铜在电子产品领域有广泛的用途，特别是近年来电子消费品的广泛应用带动了铜消费量的增长。估计出的 6 种矿产资源的长期价格需求弹性均远小于 1，且均在统计上显著，除了铁外，其他矿产资源的短期价格需求弹性均不显著，这反映出价格机制对矿产资源消费的影响主要是在长期，短期作用不明显，且价格变化对这 6 种矿产资源需求的长期影响均较小。估计出的 6 种矿产资源的调整系数均为负数，表明铅、铜、锌、锡、铁与铝这 6 种矿产资源的需求与制造业增加值、矿产品价格间均存在长期误差调整过程。

3. 通过对比 4 国模型的实证结果与包含中国在内的 5 国模型的实证结果可以发现，加入中国的有关数据后，铅、锌、锡和铝的长期制造业产出系数分别从 0.557、0.646、0.052 和 2.769 提高到 0.803、1.308、1.626 和 2.885，这表明中国工业化过程中对这 4 种矿产资源的巨大消费需求使得这 4 种矿产资源的长期制造业产出系数均有提高；铜的长期制造业产出系数从 1.959 降低到 1.446，这很可能是由于铜在电子消费品领域应用广泛，而中国在工业化过程中特别是工业化初期，与美国、英国、法国和德国相比，电子信息产业发展相对落后，因此对铜的消费需求也较少，进而拉低了铜的长期制造业产出系数；估计出的铅、铜、锌、锡这 4 种矿产资源的长期价格需求弹性绝对值分别从 0.140、0.530、0.168、0.306 减少为 0.129、0.334、0.124、0.303，这表明中国工业化过程中对这 4 种矿产资源的巨大消费需求使得这 4 种矿产资源的价格弹性均有所下降。

4. 考虑到不少研究成果论证的金属消费强度下降态势是在运用人均GDP数据的情况下得出的，而本章两种回归结果的结论表明制造业本身对金属矿产资源的消费强度并不低，综合两方面因素考虑，产业结构变化很可能是影响金属消费强度的关键因素，金属矿产资源整体消费强度下降更多是因为制造业比重下降。

第七章　适应消费需求变化的中国金属矿产资源开发利用现状

第一节　中国金属矿产资源禀赋特征

一、铁、铅、锌、锡储量丰富，铝、铜储量相对匮乏

从资源总量上看，中国铁、铅、锌和锡这4种金属资源相对丰富，铝资源并不富裕，铜资源则较为匮乏。根据美国地质调查局公布的《Mineral Commodity Summaries 2017》显示，2016年中国铁矿石原矿储量为210亿吨，含铁量为72亿吨，分别占全球的12.4%和8.8%，无论是铁矿石原矿储量还是含铁量，中国都仅次于澳大利亚、俄罗斯与巴西这三大全球铁矿石资源大国，在全球排名第四；2016年中国铅储量为1700万吨，占全球总储量的19.3%，在全球排名第二，仅次于澳大利亚；2016年中国锌储量为4000万吨，占全球总储量的18.2%，同样仅次于澳大利亚，居世界第二位；2016年中国锡储量为110万吨，占全球总储量的近23.4%，为全球第一大锡资源国；与铁、铅、锌和锡储量丰富相比，中国铝资源并不富裕，2016年中国铝土矿储量为9.8亿吨，虽然居世界第七位，但储量仅占全球总储量的3.5%；中国铜资源储量则更加匮乏，2016年中国铜资源储量只有0.28亿吨，仅为全球铜资源储量的3.9%。从人均资源占有量上看，中国铁矿、铝土矿和铜矿的人均占有量低于世界平均水平，铅矿和锌矿人均占有量与世界平均水平相当，锡矿人均占有量则高于世界平均水

平。表 7 - 1 表明，2015 年，全球铁矿、铝土矿、铜矿、铅矿、锌矿和锡矿的人均资源储量分别为 25.86 吨/人、3.81 吨/人、98 千克/人、12.11 千克/人、27.22 千克/人和 0.65 千克/人；同一时期，中国铁矿、铝土矿、铜矿、铅矿、锌矿和锡矿的人均资源储量分别为 16.77 吨/人、0.61 吨/人、21.88 千克/人、11.52 千克/人、27.71 千克/人和 1.09 千克/人，中国这 6 种矿产资源的人均占有量分别相当于全球平均水平的 0.65、0.16、0.22、0.95、1.02 和 1.67。因此，虽然中国金属矿产资源总量相对丰富，但是如果考虑到中国近 14 亿的人口数量，中国铁矿、铝土矿、铜矿等关系国计民生、用量较大的金属资源的人均占有量仍然较低，特别是低于世界平均水平的基本国情短期内难以改变。

表 7 - 1　2015 年中国与世界主要金属矿产资源人均资源储量

矿种	单位	中国	世界	中国/世界
铁矿	吨/人	16.77	25.86	0.65
铝土矿	吨/人	0.61	3.81	0.16
铜矿	千克/人	21.88	98.00	0.22
铅矿	千克/人	11.52	12.11	0.95
锌矿	千克/人	27.71	27.22	1.02
锡矿	千克/人	1.09	0.65	1.67

资料来源：美国地质调查局、世界银行数据库。

二、地理分布不均衡，资源禀赋不理想

中国铁、铅、锌、锡、铝、铜等金属矿产资源分布广泛，但储量又相对集中，地理分布并不均衡。其中，铁矿石主要分布在辽宁、四川、河北、内蒙古、安徽、山西、山东、河北和云南等省份；铝土矿资源主要集中在山西、河南、广西、贵州这 4 个省份；铜矿资源则主要分布在江西、云南等省份；铅资源储量主要集中在中西部地区，尤其是内蒙古和云南两省份的铅资源占全国储量的近四成；锌矿主要集中在云南、内蒙古、甘

肃、广东、湖南和广西这6个省份；锡矿主要集中在云南、广西、湖南、内蒙古、广东和江西这6个省份。与此同时，在探明的矿产地中，中国金属矿产资源禀赋还存在伴生矿多、单一矿少，贫矿多、富矿少，中小型矿床多，大型、超大型矿床少等特征，进而导致中国金属矿产资源品位不高，开发利用难度相对较大。根据美国地质调查局公布的数据显示，中国2016年铁矿石储量为210亿吨，含铁量72亿吨，经过换算可以得出中国2016年铁矿石的平均品位仅为34.29%，不仅与铁矿石资源禀赋丰富的巴西（52.17%）相去甚远，甚至比世界铁矿石平均品位48.24%还低13.95%。中国的铝土矿类型则多为一水硬铝石型，矿石品质差、采选难度高，用其生产的氧化铝成本也相对较高。中国铜矿的平均品位则仅为0.8%左右，远低于智利、赞比亚等世界主要铜生产国家的平均品位，且品位大于1%的储量不到总储量的四成。中国铅锌矿中，共生和伴生的有用元素有近50种，采选冶炼难度也较高。

三、矿产资源保证年限长期低于世界平均水平

矿产资源的安全保障是促进中国经济持续健康发展和维护国家安全稳定的重要基础。利用中国这6种矿产资源历年的储量数据和产量数据可以算出这6种矿产资源的保障年限，计算结果表明，自2005年以来，中国铁矿石、铝土矿、铜矿、铅矿、锌矿和锡矿的保证年限基本均呈现不断下降趋势，且长期低于世界平均水平，矿产资源安全保障形势日益严峻（见表7-2与表7-3）。具体来看，2005—2015年，中国这6种矿产资源的保证年限均低于世界这6种矿产资源的保证年限。中国铁矿石和铝土矿的保证年限与世界铝土矿的保证年限差距一直较大。2005年中国铁矿石和铝土矿的保证年限分别为50年和38.9年，比世界铁矿石和铝土矿的保证年限分别少53.9年和109年。到了2015年，这一差距虽然有所缩小，但中国铁矿石和铝土矿的保证年限仍然比世界分别低40.5年和82.8年。2005年，中国铜矿的保证年限为34.4年，比世界高3.3年，但到了2015年，中国铜矿的保证年限下降为17.5年，比世界低了20.2年，这主要是因为此期

间中国铜矿的保证年限基本处于不断较少趋势，而同期全球铜矿保证年限则基本处于上升态势。2005—2015 年，中国铅矿的保障年限大致呈不断下降趋势，从 2005 年的 11 年下降到 2015 年的 6.8 年，相应地，中国铅矿的保障年限与世界的差距也从 2005 年的 9.5 年扩大到 2015 年的 11.2 年。2005—2015 年，除个别年份外，中国锌矿的保障年限基本保持比世界低 9 年的水平。2005—2015 年，中国锡矿的保障年限同样低于世界水平，不过中国锡矿的保障年限在这一时期基本保持在 13 年的水平，而世界锡矿的保障年限在这一时期有所下降，因此，该时期，中国锡矿保障年限与世界的差距从 2005 年的 6.8 年缩小到 2015 年的 3 年。

表 7-2　　2005—2015 年中国 6 种金属矿产资源保证年限

	2005 年	2006 年	2007 年	2008 年	2009 年	2010 年	2011 年	2012 年	2013 年	2014 年	2015 年
铁矿石	50.0	35.7	29.7	25.5	25.0	21.5	17.3	17.6	15.9	15.2	16.7
铝土矿	38.9	33.3	23.3	20.0	18.8	17.0	18.4	17.7	18.0	15.1	12.8
铜矿	34.4	29.2	27.5	31.6	30.2	25.2	22.9	18.4	18.8	17.0	17.5
铅矿	11.0	9.2	7.3	7.3	7.5	7.0	6.0	5.0	4.8	5.8	6.8
锌矿	13.5	12.7	11.4	10.3	10.6	11.4	10.0	8.8	8.6	8.7	8.8
锡矿	14.2	13.6	12.6	15.5	14.8	12.5	12.5	13.6	13.6	15.6	13.6

资料来源：根据美国地质调查局公布的《Mineral Commodity Summaries》（2006—2016）计算。

表 7-3　　2005—2015 年世界 6 种金属矿产资源保证年限

	2005 年	2006 年	2007 年	2008 年	2009 年	2010 年	2011 年	2012 年	2013 年	2014 年	2015 年
铁矿石	103.9	88.9	75.0	67.6	71.4	69.5	57.8	58.0	54.7	55.6	57.2
铝土矿	147.9	140.4	123.8	131.7	135.7	134.0	112.0	108.5	98.9	114.3	95.6
铜矿	31.3	31.8	31.8	35.7	34.0	39.6	42.9	40.2	37.7	37.8	37.7
铅矿	20.5	19.3	21.0	20.6	20.5	19.3	18.1	17.2	16.2	17.9	18.0
锌矿	22.4	22.0	16.5	15.5	17.9	20.8	19.5	18.5	18.7	17.3	15.6
锡矿	21.0	20.2	19.1	18.7	21.5	19.6	19.7	20.4	16.0	16.8	16.6

资料来源：根据美国地质调查局公布的《Mineral Commodity Summaries》（2006—2016）计算。

第二节　中国金属矿产资源地质勘查情况

一、矿产资源勘探投入先增后降

在2012年之前，随着我国工业化进程加速推进，经济社会持续快速发展，矿产资源需求不断增加，在强劲需求的拉动下，我国矿产资源行业也步入了蓬勃发展时期。图7－1表明，2006—2012年，我国矿产资源勘探开发力度不断加大，勘探投入逐年增加，从2006年的495.2亿元增长到2012年的1296.8亿元。其中，财政投入从2006年的37.8亿元增长到2012年的216.8亿元，年均增长33.8%；社会投入从2006年的457.4亿元增加到2012年的1080亿元，年均增长15.4%。不过，由于2012年之后矿产资源行业步入不景气周期，受矿产品价格低迷与需求萎靡不振等因素影响，我国矿产资源勘探投入从2012年之后开始逐年下降。截至2015年，全国地质勘探投入为928.8亿元，与2012年的峰值相比减少了28.4%。其中，社会投入从2012年的1080亿元滑落到2015年的733.3亿元，减少

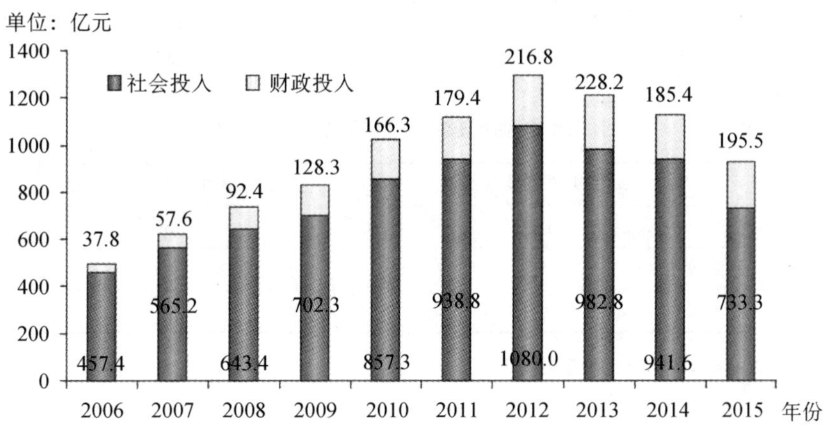

图7－1　2006—2015年我国地质勘探投入变化

资料来源：《中国矿产资源报告2016》。

了32.1%，成为全国地质勘探投入减少的主要原因。不过，在整个“十二五”期间，全国地质勘查共投入5681.8亿元，较“十一五”时期仍然同比增长53.2%。其中，财政投入1005.3亿元，占全国地质勘查投入的17.7%，增长108.4%；社会投入4676.5亿元，占82.3%，增长44.9%。另外，“十二五”期间，煤炭、金属和非金属矿产勘查累计完成钻探工作量10535万米，增长42.6%。

二、找矿工作成效显著

受社会投入减少影响，虽然近几年来我国地质勘探投入总额有所减少，但在“十二五”期间，我国矿产资源勘查仍然取得了重大进展，找矿工作效果显著，新发现矿产地1235处，并探获一批大型、超大型矿床。由表7－4可知，在金属矿产资源勘探成果方面，“十二五”期间，我国新发现铁矿矿产地113处，其中大中型矿产地69处，主要集中在四川西昌市太和钒钛磁铁矿区、山东苍山县古林—兰陵矿区、攀西地区攀钢兰尖—朱家包包钒钛磁铁矿区、米易县白马钒钛磁铁矿区和辽宁本溪市大台沟矿区外围等；新发现铜矿矿产地52处，其中大中型矿产地11处，主要在江西、西藏、云南等地新探获一批世界级铜矿区；新发现铅锌矿矿产地81处，其中大中型矿产地41处，主要分布在新疆、湖南、福建等地。

表7－4　“十二五”期间重要矿产新发现矿产地数

矿产	新发现矿产地（处）	其中大中型矿产地（处）
铁矿	113	69
铜矿	52	11
铅锌矿	81	43

资料来源：《中国矿产资源报告2016》。

三、矿产资源查明资源储量有所增长

在“十二五”期间，随着我国陆续发现一批新的矿产地，我国铁矿、铝土矿、铜矿、铅矿、锌矿和锡矿这6种矿产资源的查明资源储量均有所增长（见表7－5）。据中国国土资源部发布的《中国矿产资源报告2016》显示，2015年我国铁矿新增查明资源储量12亿吨，查明资源储量达到850.8亿吨，与2010年的727亿吨相比增长17%；2015年我国铝土矿新增查明资源储量4.9亿吨，查明资源储量达到47.1亿吨，与2010年的37.5亿吨相比增加了25.6%；2015年我国铜矿新增查明资源储量392.2万吨，查明资源储量达到9910.2万吨，与2010年的8040.7万吨相比提高了23.3%；2015年我国铅矿新增查明资源储量437.2万吨，查明资源储量达到7766.9万吨，与2010年的5509.1万吨相比提高了41%；2015年我国锌矿新增查明资源储量573.2万吨，查明资源储量达到14985.2万吨，与2010年的11596.2万吨相比提高了29.2%；2015年我国锡矿新增查明资源储量4.4万吨，查明资源储量达到1116.6万吨，与2010年的938万吨相比提高了19%。

表7－5　“十二五”时期我国主要金属矿产资源储量

矿种	单位	2010年	2015年	增幅（%）
铁矿	矿石亿吨	727	850.8	17.0
铝土矿	矿石亿吨	37.5	47.1	25.6
铜矿	金属万吨	8040.7	9910.2	23.3
铅矿	金属万吨	5509.1	7766.9	41.0
锌矿	金属万吨	11596.2	14985.2	29.2
锡矿	金属万吨	938	1116.6	19.0

资料来源：《中国矿产资源报告2016》。

第三节　中国金属矿产资源生产情况

一、矿产品产量持续增长，需求旺盛

从表7－6可知，1990—2014年，我国6种金属矿产产量基本均处于稳步增长态势。其中，铁矿石的产量从1990年的17934万吨增加到2014

年的151400万吨，20余年间增长了7.44倍，年均复合增长率为9.3%，并从亿吨产量跨入10亿吨产量行列；精炼铝的产量则先后登上1000万吨与2000万吨这两个万吨台阶，2014年我国精炼铝产量为2831.67万吨，同比虽然仅增长6.7%，但与1990年85.43万吨相比，20余年间增长了惊人的32.15倍，年均复合增长率为15.7%；精炼铜的产量先后跨过100万吨、200万吨、300万吨、400万吨、500万吨、600万吨和700万吨7个百吨门槛，2014年我国精炼铜产量达到764.91万吨，同比增长14.7%，在1990年55.69万吨的基础上增长了惊人的12.74倍，年均复合增长率为11.5%；精炼铅的产量先后跨过100万吨、200万吨、300万吨与400万吨4个百吨门槛，2014年我国精炼铅产量为470.43万吨，同比虽然有所下降，但与1990年29.65万吨相比，20余年间增长了惊人的14.87倍，年均复合增长率为12.2%；锌锭的产量先后跨过100万吨、200万吨、300万吨、400万吨与500万吨5个百吨门槛，2014年我国锌锭产量为580.7万吨，同比增长10%，与1990年55.18万吨相比，20余年间增长了9.52倍，年均复合增长率为10.3%；精炼锡的产量基本保持逐年增长态势，2014年我国精炼锡产量为18.71万吨，同比增长17.2%，与1990年的3.58万吨相比，20余年间增长了惊人的4.23倍，年均复合增长率为7.1%。

表7-6　　1990—2014年我国6种金属矿产产量　　单位：万吨

	1990年	2000年	2005年	2009年	2010年	2011年	2012年	2013年	2014年
铁矿石	17934	22256	42049	88457	108016	133503	132730	145700	151400
精炼铝	85.43	298.92	780.6	1289.05	1624.41	1813.47	2353.4	2653.4	2831.67
精炼铜	55.69	137.11	260.04	405.13	454	516.31	587.91	666.71	764.91
精炼铅	29.65	109.99	239.14	377.29	415.75	460.36	459.09	493.51	470.43
锌锭	55.18	195.71	277.61	428.63	520.89	521.22	488.12	527.96	580.7
精炼锡	3.58	11.24	12.28	14.04	14.9	15.55	14.79	15.96	18.71

资料来源：铁矿产量数据来自《中国钢铁年鉴》（1990—2015年）；其他数据均来自《中国有色金属工业年鉴》（1997—2015年）。

二、资源综合利用率不断提高，但与世界先进水平差距仍大

经过多年的发展，我国矿产品工业取得了长足的发展和进步，特别是近几年来，随着国家加快矿产资源先进适用技术推广步伐，我国金属矿产资源综合利用率不断提高。根据国家发改委公布的《中国资源综合利用报告 2014》显示，2013 年，我国部分矿山铝土矿、铜矿、铅矿、锌矿和锡矿等有色金属矿种的选矿回收率已经可以达到 80% 以上，在铁—稀土多金属共伴生资源综合利用、钒钛磁铁矿资源综合利用、镍铜多金属共伴生资源综合利用、锡和铅锌铟等复杂多金属共伴生资源综合利用等方面均取得技术进展和产业化突破，在铁锰尾矿有价组分提取、有色金属尾矿有价组分高效分选回收、尾矿制备新型建筑材料等方面取得较大技术突破，在铅锌尾矿回收铅、锌、硫、铁的实验室研究方面取得突破。在这一系列因素推动下，我国金属矿产资源综合利用率不断提高。2013 年，我国产生尾矿 16.49 亿吨，综合利用量达到 3.12 亿吨，综合利用率为 18.9%，矿山空场填充和用于生产建材成为我国尾矿综合利用的主要途径（见图 7 - 2）；钢铁行业冶炼废渣产生量约 4.16 亿吨，综合利用量为 2.28 亿吨，综合利用率为 67%；有色行业冶炼废渣产生量 1.28 亿吨，综合利用量 2240 万吨，综合利用率为 17.5%，特别是铜渣、铅锌渣基本得到较好的综合利用。另外，据中国国土资源经济研究院发布的《全国矿产资源节约与综合利用报告（2016）》显示，2015 年，我国地采铁矿回采率 84.8%，比上年提高 1.4 个百分点，露采铁矿回采率则总体稳定在 96% 以上。这说明，虽然近年来国内铁矿石开采品位逐年降低，开采难度不断加大，但是在技术进步的影响下，我国铁矿石的回采率却逐年提高，开发利用水平也随之稳步提高。不过，值得注意的是，虽然近年来我国金属矿产资源开发利用效率不断提高，但是在资源综合利用率、综合回采率、二次资源回收利用率方面，我国与发达国家之间仍然存在较大差距。

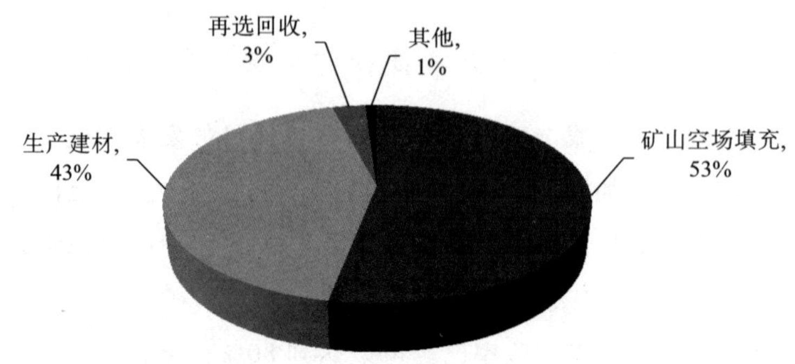

图 7－2　我国尾矿综合利用途径

资料来源：《中国资源综合利用年度报告 2015》。

三、产业集中度低，产品深加工程度不足

一直以来，我国金属矿产资源行业饱受产业集中度低、产业结构不合理等问题困扰，行业中既存在少数拥有世界先进技术与管理水平的大型矿业企业，也存在大量生产技术落后、矿业装备陈旧、管理理念滞后的小型矿业企业。虽然小型矿业企业比重较高的产业结构与我国金属矿产资源的禀赋特征（贫矿多、富矿少，中小型矿床多，大型、超大型矿床少）有较大关系，具有一定的合理性，但这也是我国矿业技术水平不高、矿产品深加工程度不足、行业竞争力不强的根本原因。因为受到自身规模偏小、生产技术落后、研发资金有限、创新意识不足等因素影响，小型矿业企业的资源开发利用水平往往较低，加之其在产业结构中占比较高，使其成为制约我国金属矿产资源产业整体技术水平提升的重要因素。实际上，正是由于资源开发利用水平较低的小型矿业企业过多，使得我国金属矿产品的深加工程度不足，产品附加值较低，产业链条短而窄，进而导致金属矿产品行业初级产品供应严重过剩，而深加工产品供应不足，严重依赖进口，整个金属矿产资源行业结构性矛盾突出。比如，虽然国内有大量涉及各类金属矿产品生产的企业，但有能力涉足铜基复合材料、纳米铜、特种钢、航空铝材、乘用车铝板等高端产品生产的企业较少，少数涉足的企业则存在高端产品开发能力弱、生产成本高与产品质量稳定

性不足等问题。

四、绿色矿业加速发展，环境污染有所减轻

由于国内金属矿产品生产企业多为中小型矿山企业，生产规模普遍较小，装备水平不高，冶炼工艺相对落后，加之部分企业长期偷排污染物，导致矿产资源行业历来都是环境污染的“大户”。特别是金属矿产冶炼业一直以来都是我国重金属污染的主要行业，2009 年以来在全国相继发生的多起特大重金属污染事件，不仅在全社会引发了较为恶劣的影响，还重新激起了人们对矿产资源开发利用对生态破坏和环境污染的重视。鉴于此，为了显著降低矿产资源行业的环境污染水平，促进矿产资源行业健康可持续发展，国家有关部门高度重视矿山地质环境恢复和综合治理工作，通过开展历史遗留矿山地质环境的治理恢复与建设新建、生产矿山的地质环境保护制度等方式“双管齐下”，初步形成了“新老矿山地质环境问题”统筹解决新局面。矿山地质环境治理恢复成效明显。根据我国国土资源部公布的《中国矿产资源报告 2016》显示，矿山地质环境治理恢复保证金制度已经在全国范围内实施，且已有 31 个省份出台相应的管理办法，截至 2015 年底，我国已经完成矿山地质环境治理恢复面积约 81 万公顷，治理率达到 26.7%。另外，我国绿色矿山建设也在有条不紊地推进。从图 7－3 可知，2015 年底，共有 661 家矿山企业成为国家级绿色矿山试点单位，其中，涉及有色行业 131 家，涉及冶金行业 101 家。这些国家级绿色矿山试点单位积极推进金属矿产伴生资源高效综合利用、金属矿山环境保护、矿山复垦和节约用地、矿山遗迹多功能用途开发、绿色管理技术创新，在行业内起到了良好的示范带动作用，较好地促进了绿色矿业的发展。

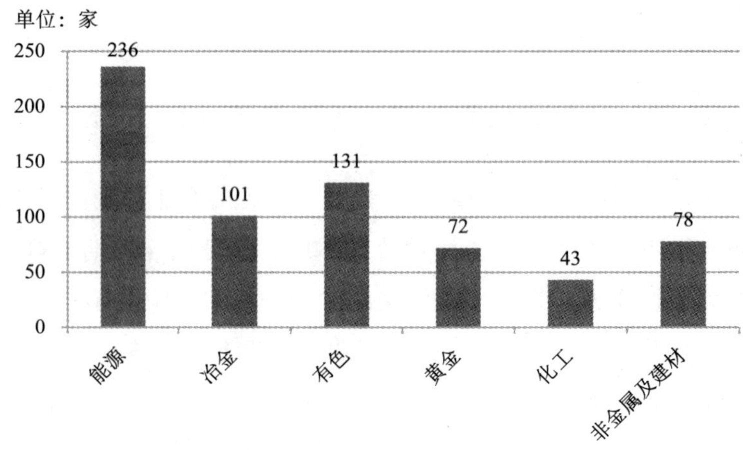

图 7－3　2015 年我国各行业国家级绿色矿山试点单位数量

资料来源：《中国矿产资源报告 2016》。

第四节　中国金属矿产资源消费与贸易情况

一、金属矿产资源应用领域广泛

金属矿产品凭借良好的导热、导电性质与易于加工的特点，具备广泛的用途（详见表 7－7），被应用于人们生活的各个方面和国民经济各部门，是公众生活和经济生产所必需的基本材料。具体来说，铁矿石作为冶炼钢铁的重要原料，是现代化工业应用最广泛也是最重要的金属材料，其主要应用于钢铁行业，可冶炼成生铁、熟铁、铁合金、合金钢、碳素钢、特种钢等。此外，铁矿石还用于天然矿物颜料（赤铁矿、镜铁矿、褐铁矿）、饲料添加剂（磁铁矿、赤铁矿、褐铁矿）、合成氨的催化剂（纯磁铁矿）和名贵药石（磁石）。铝由于具有优异的物理和力学性能、较强的抗腐蚀性、良好的反射性、较轻的质量和较好的可锻性和可回收性等特点，广泛地应用于汽车、航空航天、家用电器、建筑材料、工程构筑物、机械设备和包装材料等领域。铜具有良好的延展性、导热性、导电性、耐磨性和耐腐蚀性，被广泛应用于电子、电力、能源、石化、交通、机械、轻工、冶金与新兴产业等领域。铅具有良好的抗腐蚀性和延展性，主要应用于电缆护套、蓄电池、船舶制造、机械制造业、武器弹药、轻工、射线防护、硫化活性剂、稳定剂、釉料添加剂、光学玻璃、水晶玻璃以及各种颜料、涂料等领域。锌具有良好的压延性、耐磨性、抗腐蚀性、铸造性、导热导电性，且有很好的常温机械性，广泛应用于建筑、汽车、家用电器、轻工、船舶、电池、机械等行业。锡凭借自熔点低、身质地柔软、展性强、可塑性好和无毒等优良特性，被广泛应用于信息、电器、电子、冶金、化工、机械、建材、包装材料、原子能及航空航天等领域。

表 7－7　　6 种金属矿产的主要用途

种类	主要用途
铁	生铁、熟铁、铁合金、合金钢、碳素钢、特种钢等、天然矿物颜料（赤铁矿、镜铁矿、褐铁矿）、饲料添加剂（磁铁矿、赤铁矿、褐铁矿）、合成氨的催化剂（纯磁铁矿）和名贵药石（磁石）
铝	汽车部件、航空航天材料、家用电器部件、建筑材料、工程构筑物、机械设备、包装材料
铜	电力输送材料、集成电路材料、家用电器部件、建筑材料、交通运输、太阳能加热器、航空航天材料、机械设备
铅	蓄电池、电缆护套、轴承合金、焊料合金、磨具合金、船舶制造、文化用品、日用五金、稳定剂、颜料、涂料、釉料添加剂、硫化活性剂、武器弹药
锌	蓄电池、照相制版、胶印印刷板、防腐蚀镀层、颜料、各种精密铸件、机械制造、化肥
锡	包装材料、货币、超导材料、航空航天材料、木材防腐剂、农药、催化剂、稳定剂、添加剂、乳化剂、染料、橡胶、塑料、PVC 热稳定剂、杀虫剂、化肥、玻璃镀膜

资料来源：作者整理。

二、消费总量随工业增加值的增加而迅速增长

由于金属矿产资源用途广泛，加之我国工业化进程加速推进，1995—

2014 年，我国铁矿石、精炼铝、精炼铜、精炼铅、锌锭与精炼锡的消费量基本随着工业增加值的提高而不断增加（见图 7－4）。1995—2014 年，铁矿石消费量逐渐增长成全球第一水平，2014 年我国共消费铁矿石 244634.18 万吨，是全球最大的铁矿石消费国，与 1995 年 30306.86 万吨的消费量相比增加了惊人的 7.07 倍，年均增长超过 11.6%。1995—2014 年，精炼铝的消费量也大致呈逐年增长趋势，2014 年我国共消费精炼铝 2406.86 万吨，与 1995 年 187.49 万吨的消费量相比增加了 11.84 倍，年均增长超过 14.4%。1995—2014 年，精炼铜的消费量基本呈逐年递增趋势，2014 年我国的精炼铜消费量首次突破 1000 万吨，达到创纪录的 1135.23 万吨，与 1995 年 114.76 万吨的消费量相比增加了 8.89 倍，年均增长 12.8%。1995—2014 年，我国精炼铅的消费量先增加后减少，或许意味着我国精炼铅的消费量已迈过需求拐点，具体来看，1995—2012 年，我国精炼铅消费量基本呈现出逐年增长态势，并和工业增加值保持同步（如图 7－4 所示）。2012 年我国精炼铅的消费量达到 461.78 万吨，与 1995 年 44.77 万吨的消费量相比增加了 9.31 倍。2013 年，我国精炼铅的消费量 446.68 万吨，同比下降 3.3%；2014 年，我国精炼铅的消费量进一步下降到 419.94 万吨，同比下降 6%。2012 年之后，我国精炼铅的消费量连续两年下降主要是因为精炼铅的主要消费领域电动自行车行业进入拐点期，产能增速放缓导致铅酸蓄电池产量增幅下降，进而导致精炼铅的消费量下降。这或许表明我国已经迈过铅的消费拐点。1995—2014 年，我国锌锭的消费量基本呈现出逐年增长态势，并与工业增加值保持高度同步的增长趋势，2014 年我国锌锭的消费量为 642.04 万吨，与 1995 年 90.94 万吨的消费量相比增加了惊人的 6.06 倍，年均增长超过 10.8%。1995—2014 年，我国精炼锡的消费量基本呈现出逐年增长态势，2014 年我国精炼锡的消费量达到 19.26 万吨，与 1995 年 3.63 万吨的消费量相比增加了 4.31 倍，年均增长超过 9.2%。

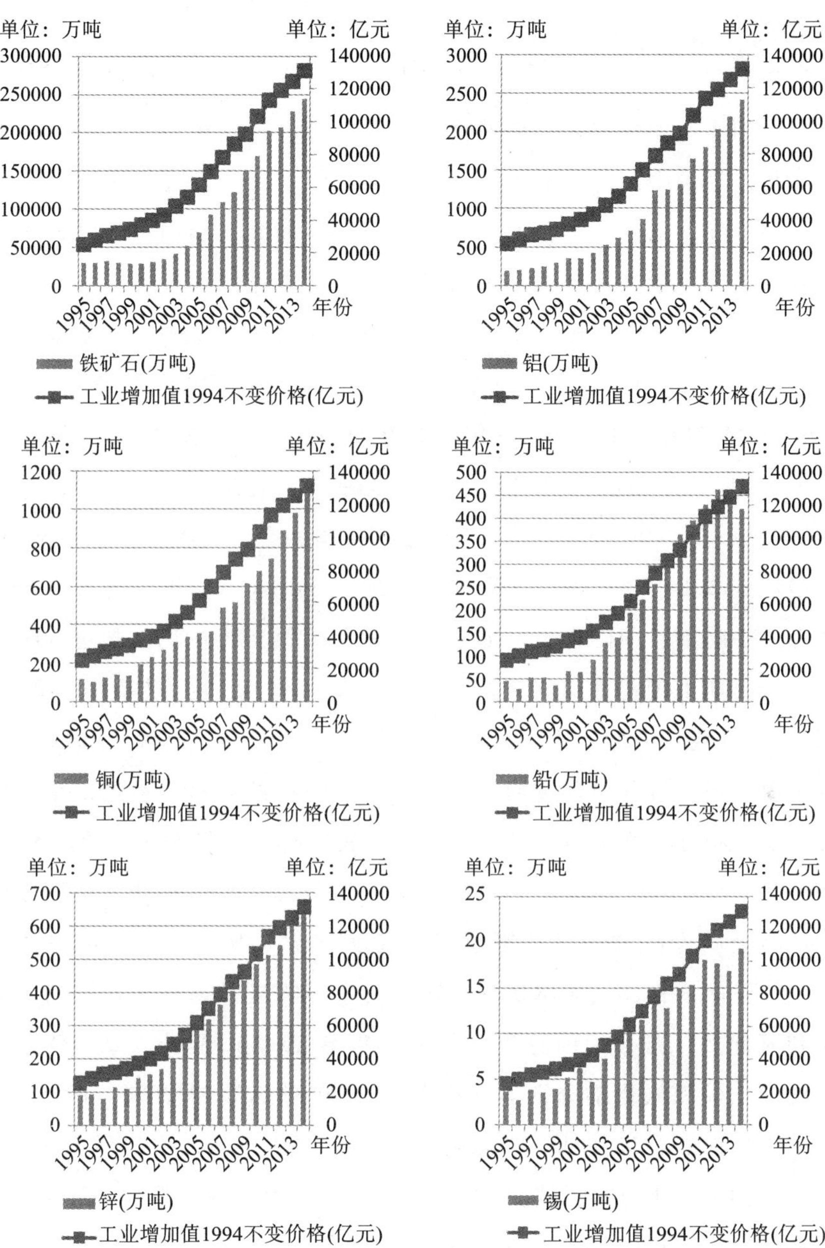

图 7-4　1995—2014 年我国金属矿产品消费量与工业增加值增长情况

资料来源：铁矿石消费数据来自《中国钢铁年鉴》（1990—2015 年），铝、铜、铅、锌锭、锡的消费量数据来自《中国有色金属工业年鉴》（1997—2015 年）；工业增加值数据来自中国统计局网站，http：//www. stats. gov. cn/。

三、铁、铝、铜、锌对外依存度较高，铅、锡供求基本平衡

经济的快速增长与工业化进程的加速推进，带动中国金属矿产品需求逐步增长。尽管中国各类金属矿产品产能不断扩张，但在品种或数量上仍然不能完全满足国内需求，因此，利用国际市场弥补国内市场缺口成为必然选择。目前，中国铁矿石、精炼铜、锌锭的对外依存度比较高，精炼铅和精炼锡基本维持紧平衡状态，铝金属则实现由净进口国逐步转变为净出口国。由表 7-8 可知，1995—2014 年，中国铁矿石的进口量连年递增，从 1995 年的 4115 万吨增加到 2014 年的 93234 万吨，增加了 21.66 倍，年均增长 17.57%。目前，中国已经成为全球最大的铁矿石进口国，被称为“全球吸铁石”。1995—2014 年，中国精炼铜的进口量从 1995 年的 10.21 万吨增加到 2014 年的 358.97 万吨，增加了 34.16 倍，年均增长 20.60%；虽然在同一时期，中国也出口部分精炼铜，但年出口量均未超过 30 万吨；因此，该时期中国精炼铜的净进口也从 1995 年的 6.79 万吨增加到 2014 年的 332.38 万吨，增加了 47.95 倍，年均增长 22.73%。1995—2014 年，中国铝金属的进口量和出口量均呈现先上升后下降的态势，不过由于同期出口量的变动幅度更大，该时期，中国铝金属的净进口从 1995 年的 15.19 万吨降低到 2014 年的 -31.35 万吨，净进口量符号的变化意味着中国在该时期内从铝金属产品的净进口国逐步转变为净出口国。不过，值得注意的是，中国受国内铝的资源储量不足限制，每年需要从海外市场进口大量铝土矿和氧化铝。据《中国有色金属工业年鉴 2015》显示，2014 年，中国进口的铝土矿和氧化铝分别达到 3628.1 万吨和 527.64 万吨。1995—2014 年，中国锌锭的进口量从 1.4 万吨增加到 56.99 万吨，出口量则从 18.12 万吨减少到 13.14 万吨，净进口量从 -16.72 万吨增加到 43.85 万吨，中国从锌锭的净出口国转变为净进口国。1995—2014 年，中国精炼铅和精炼锡的进口量和出口量均呈现先增加后减少再增加的特征，精炼铅净进口量变化基本呈现先增加后减少的特征，精炼锡净进口量变化则呈现先减少后增加的特征，2010 年之后，中国精炼铅与精炼锡的净进口量均为正，且在

零值附近轻微波动，表明当前中国精炼铅和精炼锡基本维持紧平衡状态。

表 7－8　　1995—2014 年中国金属矿产进出口情况　　单位：万吨

矿种		1995 年	2000 年	2005 年	2010 年	2011 年	2012 年	2013 年	2014 年
铁矿石	进口	4115	6997	27523	61863	68608	74360	81910	93234
铝	进口	30.97	91.41	63.70	36.48	33.05	63.97	48.12	35.36
	出口	15.78	20.91	131.86	75.44	76.61	63.13	57.23	66.71
	净进口	15.19	70.50	－68.16	－38.96	－43.56	0.84	－9.11	－31.35
铜	进口	10.21	66.76	122.22	292.21	283.56	340.21	320.58	358.97
	出口	3.42	11.45	14.02	3.93	15.71	27.40	29.34	26.59
	净进口	6.79	55.31	108.2	288.28	267.85	312.81	291.24	332.38
铅	进口	0.30	1.33	5.86	2.15	0.66	2.92	1.37	1.33
	出口	16.08	44.80	46.50	2.31	0.61	0.23	2.19	3.49
	净进口	－15.78	－43.47	－40.64	－0.16	0.05	2.69	－0.82	－2.16
锌	进口	1.40	1.95	39.22	32.33	34.8	51.36	62.4	56.99
	出口	18.12	57.46	12.33	4.31	4.64	0.62	0.34	13.14
	净进口	－16.72	－55.51	26.89	28.02	30.16	50.74	62.06	43.85
锡	进口	0.07	0.16	2.98	1.60	2.22	3.00	1.31	0.78
	出口	2.51	6.24	2.7	0.07	0.12	0.17	0.35	0.09
	净进口	－2.44	－6.08	0.28	1.53	2.1	2.83	0.96	0.69

资料来源：铁矿石消费数据来自《中国钢铁年鉴》（1995—2015 年），铝、铜、铅、锌锭、锡的消费量数据来自《中国有色金属工业年鉴》（1997—2015 年）。

第五节　中国金属矿产品市场发展情况

一、金属交易市场发展迅速

在 20 多年的发展过程中，中国金属交易市场在 20 世纪 90 年代初期曾经短暂经历过无序发展的混乱局面，之后经过清理整顿，金属交易市场的乱象被有效解决。目前，中国已经形成较为规范的金属交易市场，各项交易制度日趋完善与国际化，交易品种不断丰富，交易规模迅速增长。目前，中国最主要的金属交易所是1990年成立的上海期货交易所、1993年成立的大连商品交易所、2010年成立的南方稀贵金属交易所、2011年成立的海西商品交易所和2012年成立的天津贵金属交易所（见表7－9）。其中，在上海期货交易所上市的金属矿产品交易品种主要有铜、铝、锡、铅、锌、螺纹钢、线材、热轧卷板；在大连商品交易所上市的金属矿产品交易品种主要是铁矿石。在交易量方面，作为全球最大的原材料消费国，中国金属交易规模迅速增长。2015年，在新增了锡、镍两种新的交易品种后，上海期货交易所6种金属产品的总成交量猛增至4.44亿手，基本金属交易量增加了76%，远超2014年4种金属产品2.53亿手的成交规模。2016年，中国金属期货交易规模继续上升。据Wind数据库公布的数据显示，从成交量看，2016年，中国螺纹钢总成交9.14亿手，同比增加79.44%，是中国当年交易量最大的期货品种；铁矿石总成交3.81亿手，同比增加35.74%，是当年中国成交量第三的期货品种；从成交金额看，2016年，中国螺纹钢成交金额约21万亿元，同比增长93.61%，是中国当年成交金额最大的期货品种；铁矿石成交金额约14万亿元，同比增加47.79%，是当年中国成交金额第二的期货品种；铜成交金额约13万亿元，同比虽然下降20.94%，但仍然是当年中国成交金额第三的期货品种；锌的成交金额约6万亿元，同比增加94.90%，是当年中国成交金额第十的期货品种。截至2016年年底，中国商品期货成交量已连续7年位居全球第一，成为全球最大的黑色建材期货市场和第二大有色金属期货市场。

表7－9　中国主要的金属交易所成立时间及交易的金属品种

成立时间	名称	交易品种
1990年11月	上海期货交易所	铝、铜、铅、锌、锡、镍、黄金、白银、螺纹钢、线材、热轧卷板
1993年2月	大连商品交易所	铁矿石
2010年9月	南方稀贵金属交易所	白银、铟、铋、碲、锡、锑、钨、稀土氧化物等稀贵金属
2011年5月	海西商品交易所	铜、铝、白银、钯金
2012年2月	天津贵金属交易所	铜、铝、铂金、钯金、白银、镍

资料来源：作者整理。

二、金属交易制度逐步与世界接轨

伴随中国金属交易市场的快速发展，为了进一步提高中国金属交易所的国际影响力，国内部分交易所积极创新交易手段，丰富服务功能。目前，中国金属交易所的各项交易制度正日趋完善与国际化。以当前中国金属交易品种最丰富的上海期货交易所为例，一方面，该交易所目前已成功注册 1 个锌、3 个铝和 29 个铜的境外品牌，通过树立交割注册品牌的“中国标准”，较好地提高了在境外交割品牌注册时中国市场的适应性；另一方面，上海期货交易所积极推进期货保税交割业务，努力推动境内外市场互联互通，促进交易制度逐步与国际接轨。与此同时，为了能从时间上完整覆盖伦敦金属交易所场内交易时间，上海期货交易所于 2013 年 12 月 20 日正式启动了有色金属连续交易制度，把铝、铜、铅、锌等交易品种的交易时间延伸到晚上 9 点至次日凌晨 1 点，这一举措不仅满足了投资者对更多交易价格和交易时段的要求，还为更多机构投资者、企业客户加入中国金属交易市场进行交易创造了条件，在提高中国金属交易市场与国际市场联动程度的同时，有助于推动国际贸易中采用中国金属交易所期货价格作为定价基准，进而增强中国金属交易市场在全球金属市场定价体系中的地位与中国金属交易所的国际影响力。不过，虽然中国金属交易制度逐步与世界接轨，但目前中国还未掌握全球金属资源定价权，中国金属交易所上的“沪铜”“沪铝”“沪锌”“沪铅”“沪锡”的价格仍然跟随“伦敦铜”“伦敦铝”“伦敦锌”“伦敦铅”“伦敦锡”的价格。因此，总体上看，中国金属交易所内各品种的价格在全球的接受度仍然偏弱，对国际市场影响力有待进一步提高。

三、金属交易体系尚不完善

通过 20 多年的发展，中国已经形成较为规范的金属交易市场，且近几年来中国金属矿产品交易市场发展迅速，交易制度逐步与世界接轨，国际影响力也稳步提升。不过，目前，中国整个金属交易体系仍然不够健全与完善，存在不少问题。一是上市交易品种不够丰富，新品种上市缓慢。目前，中国金属交易所上市品种主要有铝、铜、铅、锌、锡、螺纹钢、线材、热轧卷板、铁矿石、黄金、白银等产品，在品种体系方面虽然较之以前丰富了不少，但和伦敦金属交易所这一全球最大的有色金属交易所相比，国内上市交易的金属品种还偏少，尚没有期权等金融衍生品。中国金属交易所上市交易品种不够丰富和中国采取审批制有较大关系。在审批制下，中国上市新品种首先需要交易所研究新品种上市方案，之后将方案上报给证监会，最后由国务院征求各方意见后审批过，整个过程极其“费时费力”，过于繁杂的上市手续严重延缓了新交易品种的上市步伐。二是市场开放程度不足，交易主体国际化程度偏低。大型跨国矿业集团、境外金属经纪商与国际知名投行是否参与市场交易是判断一国金属交易市场是否成熟与国际化的重要标志。目前，国内金属市场参与主体主要是国内矿企、国内商业银行、现货贸易商与个人投资者等境内机构与个人，外资机构、跨国矿业集团与境外金属经纪商较少参与中国金属市场交易。这表明国际投资者尚未彻底认可中国金属交易市场，这也是中国仍未掌握金属国际定价权的重要原因。三是尚未建立退市制度，市场机制不够完善。目前，在金属交易市场特别是期货交易市场上，中国还未建立退市制度。这使得流行性差、交易不活跃的上市品种无法正常退出交易，不仅占用了宝贵的市场资源，还降低了市场效率。四是没有具体监管部门，监管机制不完善。目前，中国尚未明确某个具体监管部门作为金属交易市场的主管部门。在金属交易市场的实际监管过程中，中国人民银行、证监会与银保监会对金属市场的监管存在重叠，使监管无法到位。另外，中国还尚未出台专门的法律规范管理金属交易行为。因此，未来中国还需学习和借鉴国外金属交易管理经验，并尽快出台专门的法律规范管理金属交易行为，在促进金属交易市场健康发展同时，进一步提升中国金属交易市场服务实体经济的广度和深度。

第六节　本章小结

总体上看，在资源禀赋方面，中国铁、铅、锌和锡这 4 种金属资源总量相对丰富，铝资源并不富裕，铜资源则较为匮乏。如果考虑到中国 14 亿的人口数量，中国金属资源的人均占有量较低，特别是低于世界平均水平的基本国情短期内难以改变。在空间分布上，中国铁、铅、锌、锡、铝、铜等矿产资源分布广泛，但储量又相对集中，金属资源地理分布并不均衡。矿产资源的安全保障是促进中国经济持续健康发展和维护国家安全稳定的重要基础。但是自 2005 年以来，中国铁矿石、铝土矿、铜矿、铅矿、锌矿和锡矿的保证年限基本均呈现不断下降趋势，矿产资源安全保障形势日益严峻。在生产方面，中国铁、铝、铜、铅、锌与锡等金属矿产品产量持续增长，需求旺盛。虽然中国矿产品综合利用率不断提高，但与世界先进水平差距仍大。由于受产业集中度低问题困扰，中国矿产品深加工程度仍然不足。不过绿色矿业的加速发展有效缓解了矿资源开发利用带来的环境污染问题。凭借良好的导热、导电性质与易于加工的特点，金属矿产品具备广泛的用途，中国这 6 种矿产资源的消费总量则随工业增加值的增加而迅速增长。可以预见，随着中国工业化的继续推进，短期内中国这 6 种金属矿产品的消费量仍较继续增长。在金属矿产品贸易方面，目前，中国铁矿石、铝、铜、锌的对外依存度较高，铅和锡供求基本平衡。在金属矿产品市场方面，经过 20 多年的发展，目前，中国已经形成较为规范的金属交易市场，各项交易制度日趋完善与国际化，金属交易制度逐步与世界接轨，交易品种不断丰富，交易规模迅速增长。但总体来看，中国金属交易市场仍不健全不完善。未来中国还需学习和借鉴国外金属交易管理经验，并尽快出台专门的法律规范管理金属交易行为，在促进金属交易市场健康发展同时，进一步提升中国金属交易市场服务实体经济的广度和深度。

第八章　构建保障矿产资源消费国家战略的总体思路与具体举措

第一节　构建保障矿产资源消费国家战略的必要性

矿产资源是促进经济社会发展与支撑工业化进程的重要物质基础，矿产资源能否实现可持续供应对我国经济社会健康发展至关重要。不过，近年来，矿产资源对我国经济社会发展的支撑力度有所下降。这主要是因为当前我国矿产资源可持续供应仍然受到诸多问题的困扰。一是科学的资源安全观尚未树立。目前，中国尚未在全社会树立起矿产资源系统协调发展的观念，也并未建立科学的矿产资源可持续供给评价体系与预警制度，矿产资源安全在经济安全和国家安全中的地位和作用并未得到高度重视。二是矿产资源的供应能力不足。经过多年的地质勘查工作，国内部分矿产资源的找矿潜力已经不大，另一些尚有一定找矿前景与潜力的矿产资源由于勘查与开采成本高于国外同类矿种，国际竞争力偏弱。另外，由于我国工业化进程加快与矿产资源勘探投入减少，使用矿速度超过找矿速度，导致我国矿产资源消耗速度远远超过资源储量的增长速度，未来国内矿产资源供应不足问题有可能阻碍“两个一百年”奋斗目标的顺利实现。三是支持矿业企业“走出去”的力度不够。目前，中国尚未建立起海外风险地质勘查和矿产勘探的长期基金，支持矿业企业“走出去”的信息服务体系也不够健全，支持矿业企业“走出去”的金融、财政与税收政策不完善，矿业企业不熟悉、不通晓矿产资源所在国的有关政策、法律法规与有关国际惯例，在这一系列因素影响下，导致我国矿产资源可持续供给“走出去”的起点低、实施难度大，矿业企业“走出去”进程步履维艰。四是矿产资源战略储备制度尚未建立。矿产资源战略储备制度是应对矿产资源供应中断的有效手段，但我国至今仍未建立起完善的矿产资源战略储备制度，倘若未来矿产资源出现突发性供应中断，我国由于缺乏有效的应对手段，经济社会的健康稳定将受到巨大影响。五是矿产品贸易领域受制于人。目前，在国际矿产品贸易领域，我国在矿产品价格、运输路线等方面均不同程度地受制于发达国家和矿产资源大国。另外，西方国家鼓吹的“中国威胁论”也增加了我国利用海外矿产资源的难度。

前文通过对美国、英国、法国、德国与中国等主要工业化国家工业化进程中金属矿产资源的消费历史进行分析发现，工业化过程中金属矿产资源消费量、人均金属矿产资源消费量与金属矿产资源消费强度基本均呈现出倒“U”形的变化规律。即在工业化过程中，金属矿产资源消费量、人均金属矿产资源消费量与金属矿产资源消费强度均会表现出“先增加、后减少、最后稳定在一定水平”的变化特征。这一长期规律具有一定的普遍性，中国不可能完全不受这一规律的影响。实际上，目前，中国不仅仅是铁矿石、铝、铜、铅、锌、锡等金属矿产品的消费量仍处于增加阶段，中国对石油、稀有金属等在经济建设与战略性新兴产业发展中具有重要作用的矿产资源的需求也在日益增长。今后，随着我国工业化的持续推进和经济社会的健康发展，特别是为了实现“两个一百年”奋斗目标，我国矿产资源需求将继续呈现刚性增长。再加上当前我国矿产资源可持续供应仍然受到上述诸多问题的困扰。未来，我国本已十分严峻的矿产资源可持续供应现状将迎来更大挑战，因此，我国有必要在充分借鉴发达国家矿产资源战略的情况下，尽快构建起保障我国矿产资源可持续供应的矿产资源国家战略。

第二节　发达国家保障矿产资源消费的国家战略

矿产资源在促进经济社会发展与推进工业化进程中占据重要的战略地

位，由于矿产资源种类繁多，加之各种矿产资源在全球地理分布上呈现不均匀的特征，任何一个国家（即使是矿产资源丰富的国家）都无法完全依靠国内矿产品生产满足本国对矿产资源的多样化需求。因此，世界各国均十分重视矿产资源的长期稳定供应问题，特别是为了争夺全球矿产资源的控制权，发达国家一直以来都将全球矿产资源战略嵌入国家整体战略之中，并综合运用政治、军事、经济、外交等手段保障矿产资源的可持续供给，以维护自身的经济安全与国家安全。根据矿产资源消耗与禀赋特征，可以大致将发达国家分为3类：第一类是本国拥有丰富的矿产资源，同时矿产资源需求又十分巨大，矿产资源对外依赖性较强的国家，这类国家以美国为代表；第二类是国内矿产资源禀赋较差，同时又需要消耗大量矿产资源，矿产资源对外依赖性很强的国家，这类国家以日本为代表；第三类是本国矿产资源丰富，同时国内矿产资源消耗并不大，因此可以大量出口矿产资源的国家，这类国家以加拿大为代表。由于3种类型的发达国家具体国情不同，其实行的保障矿产资源消费的战略也不尽相同，因此，有必要通过分析与比较3种类型发达国家的矿产资源战略，以从中汲取宝贵经验为我国构建起符合自身国情的矿产资源战略提供有力支撑与有益借鉴。

一、美国保障矿产资源消费的开发利用战略

矿产资源是美国经济健康持续发展的重要物质基础，作为全球矿产资源生产、消费与贸易大国，虽然美国本土具有丰富的矿产资源，但是考虑到矿产资源的不可再生性与有限性，为了经济、稳定、安全与可持续地获取矿产资源，美国通过实行“全球开放式”的矿产资源开发利用战略在全球建立起了多渠道、多层次的矿产资源保障体系。总体来看，美国“全球开放式”的矿产资源开发利用战略主要内容包括：（1）科学合理地开发利用本国矿产资源；（2）构建完善的矿产资源战略储备体系；（3）以援助和投资为手段加强对全球矿产资源的控制。

（一）科学合理地开发利用本国矿产资源

虽然美国本土蕴藏着丰富的矿产资源，但是考虑到矿产资源的不可再

生性与有限性，美国采取多种方式科学合理地开发利用本国矿产资源。主要措施包括：

1. 科学掌握国内矿产资源禀赋特征。充分掌握国内矿产资源禀赋特征是保障矿产品稳定供应的前提条件，为此，美国采取以政府为主要出资人的方式建立起了一个完备的矿产资源可供性分析系统。该分析系统通过确定矿产种类与数量、测定矿产品位、评估工程成本、形成可供性成果与经济评价等方式为美国科学掌握本土矿产资源禀赋特征提供有力支撑。

2. 保护性地开发利用本土矿产资源。美国自 1807 年颁布实施《铅矿出租法》后，又陆续发布了《矿地租借法》《材料法》《采矿法》《建材矿法》《露天采矿管理土地复垦法》与《征收土地矿产法》等一系列法律法规以保护性地开发利用本土矿产资源。目前，美国以法律手段建立起了完善的矿产资源开发管理制度，并通过对矿产资源开发利用实行许可证制度、积极推广资源节约型工艺与限制或关停低效、无效的资源消耗型生产等方式合理地开发利用本国矿产资源。总之，美国的矿产资源开发利用政策导向已由在简单考虑矿产资源价值情况下的鼓励“自由进入”转变为全面考虑土地、矿产资源综合价值情况下的保护性开发利用。另外，为了尽可能地保护本国的矿产资源，美国对本土矿产资源多采取“只勘探不开发”的策略。

3. 制定并实施严格的环境保护政策。自 20 世纪 70 年代以来，美国陆续制定并实施了《环境保护法》《地下水保护法》等一系列旨在保护环境的法律法规，这些法律法规从保护生态环境角度出发对矿产资源的勘探、开发与利用活动进行了严格限制，防止以牺牲生态环境为代价进行矿业开发活动。因此，如果矿产资源开发利用活动对环境的影响超过了生态系统的承载能力，美国会为了保护生态环境取消矿产资源开发利用活动。如美国作为全球稀土资源第二丰富的资源大国早在 2002 年就停止了本国的稀土生产活动，这其中稀土生产过程中产生的环境污染过于严重是一个非常重要的原因。

（二）构建完善的矿产资源战略储备体系

目前，美国的矿产资源战略储备制度主要有以下 3 种类型：（1）战略与关键矿产储备制度；（2）石油产地储备，美国在探明阿拉斯加 9.5 万平方公里含油土地的石油储量后并未直接开采而是就地封存；（3）战略石油储备。实际上，美国矿产资源战略储备起步较早，早在 1939 年美国就制定了《战略物资储备法》。最初，美国构建矿产资源战略储备是基于军事目的，主要是为了应对战时需要，保障战争时期矿产资源的稳定供应。不过，经过多年的发展与调整，美国储备的矿种与数量均有了显著增加，储备的目的也不再仅限于军事目的的国防储备，还包括为应对供应中断的经济储备。目前，美国储备了石油、锰、钨、锡、锑、镍、铬、钴等 25 类 80 种对经济发展、军事与国家安全具有重要作用的矿种，储备目标是满足国家紧急状况下国内 3 个月的矿产资源需求。总体来说，美国已经构建起较为完善的矿产资源储备体系，与其他已经建立矿产资源储备的国家相比，美国储备的矿种和数量都较多，配套制度也更加完善。

（三）以援助和投资为手段加强对全球矿产资源的控制

第二次世界大战之后，美国逐渐由矿产资源自给国与出口国向高度依赖国外供应的进口国转变，美国的矿产资源战略也由国家自足主义变为充分利用国外矿产资源。目前，美国对本土矿产资源多采取“只勘探不开发”的策略，即使开采利用，也需在严格的环境保护政策下有保护性地开发本国矿产资源。因此，虽然美国本土蕴藏着丰富的矿产资源，但美国自身各种矿产资源的产量并不大。为了满足国内经济社会发展与构建战略储备对矿产资源的需求，加强对全球矿产资源的控制，进而在全球范围内获取矿产资源供应成为美国矿产资源战略的必然选择。为了构建起面向全球的多渠道、多层次、立体化的矿产资源保障体系，在具体策略上，美国积极支持跨国矿业公司以经济援助和资本输出等方式渗透、掌握、占有、控制全球矿产资源，并通过在资源国开展勘探、开采、冶炼、加工等矿产生产活动为本国提供源源不断的海外矿产品，最终达到经济、稳定、安全、持续地获取全球矿产资源的目的。值得注意的是，美国对全球矿产资源的掌控力与美国矿业在全球展现出的强大国际竞争力密切相关。

二、日本保障矿产资源消费的开发利用战略

日本作为一个岛国，受国土面积狭小影响，矿产资源禀赋条件非常不理想。根据日本通产省资源厅公布的数据显示，日本本土仅有12种矿产资源，除了叶腊石、石灰岩与硅砂这3种极其普通的矿产资源外，日本本土拥有的其他矿产资源的开采成本较高，经济性较差。因此，日本绝大多数矿产资源需求需要依靠进口满足，特别是天然气、石油、有色金属与黑色金属等重要矿产资源完全依靠进口。作为一个工业大国，日本对矿产品的需求十分巨大，许多矿产品的消费量位居世界前列。为了满足国内经济发展对矿产资源的需求，日本主要通过高度重视矿产资源的循环利用、政府干预与市场调节相结合的矿产资源管理体制、建立官民并举的矿产资源储备制度与构建全球矿产资源供给体系等方式保障矿产品的可持续供应。

（一）高度重视矿产资源的循环利用

由于本土矿产资源极度贫乏，日本尤为珍惜来之不易的矿产资源，高度重视矿产资源的循环利用，并积极推动“城市矿山”开发战略加强矿产资源的回收利用与二次开发。截至目前，日本已经陆续出台了多项法律法规支持矿产资源的循环利用。如日本2001年颁布的一项法律要求，家电制造企业生产的空调、电视机、冰箱的再循环率须分别达到60%、55%和50%，零售商需承担废旧家电的回收与运输责任，消费者则需支付再循环税。此外，日本所有城市均已实行了细致的垃圾分类制度，通过垃圾分类与精细化的回收处理，日本能从这些所谓的“垃圾”中提取数量可观的矿产资源用以弥补自身矿产资源禀赋不足的劣势，在有效缓解国内矿产资源供需矛盾的同时，还减轻了矿产资源开发利用对环境的压力。

（二）政府干预与市场调节相结合的矿产资源管理体制

日本实行国家干预与市场调节相结合的矿产资源管理体制，也称“混合经济体制”。这一体制的主要特征是：日本的民营企业是矿产资源勘探与开发的主体，矿业开发活动中出现的各种矛盾与问题主要通过市场机制

进行调节；政府主要利用财政金融等手段资助海外矿产资源基础调查与国内预期地质调查，并辅之以行政与法律手段保障国家矿产资源政策的落实。目前，日报经济产业省统一管理日本矿业权。另外，日本严禁外资进入日本的矿产资源行业，其颁布的《矿业法》明确规定矿产资源所有权归国家所有，除特殊情况外，原则上不允许除日本法人以外的法人或自然人成为矿业权人。

（三）建立官民并举的矿产资源储备制度

由于本国矿产资源贫乏，日本具有强烈的忧患意识与危机意识，其并未将从国际市场进口的矿产资源全部用于当期的生产生活活动，而是将部分从国际市场进口的矿产资源有计划地储备起来，用于保障“不时之需”。日本的矿产资源储备制度始于20世纪70年代，1973年爆发的石油危机大幅提高了日本原材料的进口成本，对日本经济造成了严重的影响。为加强对类似突发事件的应对能力，日本于1973年和1974年分别颁布了《石油供需优化与紧急措施法》与《90天民间石油储备计划》，而1975年颁布的《石油储备法》则正式标志着日本矿产资源储备制度的建立。10年后的1983年，日本进一步建立了稀有金属储备制度，储备的品种主要是钼、钨、镍、钒、锰、钴与镍这7种稀有金属。经过几十年的实践，日本的矿产资源战略储备制度不断完善。现如今，日本已建立起全球最完善的矿产资源储备制度，储备类型包括国家储备与民间储备两部分，储备目标是满足60天的国内基本消费需求，在储量数量上国家储备与民间储备分别占70%与30%，储备的矿产资源主要有石油、天然气、钢铁、煤炭、铀、铂、铟、钼、钒、钨、镍、铬、锰、钴、稀土（详见表8－1）。需要注意的是，储备矿产资源需要承担储存成本与价格波动带来的矿产资源价值损失，因此，日本还建立起了合理的矿产资源储备释放机制。以石油储备为例，在国际市场出现石油供不应求、价格上涨的情况下，日本在综合研判国内石油需求趋势、国际市场短缺程度与未来走势后，会适时、主动地释放石油储备。这不仅有利于缓解短期石油供给紧张局势与平抑油价，还能为日本带来可观的收益。

表 8-1　日本矿产资源储备制度的主要内容

矿种	储备类型	实施主体	目的	储备场所	储备目标
石油、天然气、钢铁、煤炭、铀、铂、铟、钼、钒、钨、镍、铬、锰、钴、稀土	国家储备	日本石油、天然气和金属国家集团下属的资源储备部	维持产业活动的灵活运作与保障经济安全	茨城县的高球萩集中管理	42 天的日本国内基本消费
	民间储备	特殊金属储备协会，从事矿产资源进口、生产、销售的企业	企业根据实际情况自主储备	各企业分别管理	18 天的日本国内基本消费

资料来源：作者整理。

（四）构建全球矿产资源供给体系

虽然日本通过矿产资源循环利用战略可以在一定程度上弥补自身矿产资源禀赋不足的劣势，但由于日本经济社会发展对矿产资源需求巨大，日本绝大多数矿产资源，尤其是石油、天然气、有色金属、黑色金属等重要矿产资源长期存在供需缺口。因此，从国际市场大量进口矿产资源就成为填补日本矿产资源供需缺口的唯一选择。这使得日本的矿产资源对外依赖度较高，在此背景下，为了减少全球矿产资源市场波动对国内经济社会发展的影响，避免陷入战略被动的局面，积极构建全球矿产资源供给体系就成为日本矿产资源战略的必然选择。目前，日本的全球矿产资源供给体系主要内容包括设立一系列机构支持矿业企业“走出去”、多措并举掌控全球矿产资源、形成一套成熟的海外矿产资源开发体系与运用全方位政策支持海外矿产资源开发活动。

1. 设立一系列机构支持矿业企业“走出去”。目前，日本设立了经济产业省、石油天然气金属矿产资源机构、国际合作组织、国际协力银行与贸易保险公司等一系列机构支持日本矿企“走出去”开发海外矿产资源。其中，经济产业省专门代表日本政府组织实施矿产资源海外开发活动；由日本石油公团和日本金属矿业事业团合并而成的日本石油天然气金属矿产资源机构主要承担海外矿产资源地质调查、债务担保与融资等工作，其一方面接受日本政府委托进行海外基础地质勘查与详细勘查活动，另一方面，其会将发现的找矿远景区交给日本矿企，并为矿企勘探开发活动提供勘探补贴、贷款、债务担保等多种形式的金融援助；国际合作组织致力于合作标准制定、人员培训、技术开发、派遣专家、组织研修班等工作；国际协力银行则综合运用债务担保、股权投资与贷款等金融手段支持日本矿企获取海外资源项目；贸易保险公司通过提供海外投资损失险、资源能源综合险等多种保险业务降低日本矿企“走出去”时面临的诸多风险。

2. 多措并举掌控全球矿产资源。海外矿产资源的利用方式主要有勘查矿、股本矿和购买矿。其中，购买矿是指直接从国际矿产品市场购买矿产品；股本矿指通过为矿产资源国的矿山建设提供贷款，支持资源国矿产品生产，而资源国则将开采出的矿产品用于偿付贷款；勘查矿指通过在国外进行矿产资源勘查开发活动而直接生产并获得矿产品。从矿产资源的获取方式看，购买矿操作简单易行，但可靠性不足；勘查矿对矿产资源的掌控度较高，但风险也较大；股本矿的安全性则介于两者之间。由于上述 3 种利用方式各有利弊，为了稳定地获取海外矿产资源供应，日本矿业企业综合采用购买矿、股本矿和勘查矿这 3 种方式利用海外矿产资源。特别是采取参股澳大利亚、秘鲁、智利、加拿大、巴西等国铜矿与铁矿的方式，日本企业既可以有效规避矿产资源供应风险，还能够牢牢掌控全球矿产资源价格的走势，分享市场红利。这也是日本在 2005 年愿意接受 71.5% 的铁矿石涨价幅度的根本原因，因为日本企业从铁矿石价格暴涨中获取的投资回报足以抵消由此带来的利润损失。另外，日本矿业企业还通过与大型跨国矿业公司、国际投资机构、资源国矿企建立选择权协议、联合经营协议、战略联盟等方式加强合作，积极参与全球矿业权市场与矿产品市场，进而在全球矿产资源配置中占据有利地位。

3. 形成一套成熟的海外矿产资源开发体系。目前，日本已经形成了一套较为成熟的国民合作型海外矿产资源开发体系。这一体系将矿产资源海外开发活动分为与资源国构建关系、草根勘查、详细勘查、调查矿山周边基础设施、开发矿产资源、生产加工和产业及其他事业合作等 7 个阶段。在与资源国构建关系阶段，外务省首先对资源国开展资源外交，在此基础上，日本与其建立包括对资源国地质条件与矿产资源禀赋进行初步调查、对资源国矿业体系进行调研、向资源国派遣专家、为资源国提供培养本地人才服务等在内的开发规划调查型技术合作。在草根勘查阶段，产业技术综合研究所地质调查综合中心在企业或国家的委托下开展有关地质调查活动，石油天然气金属矿产资源机构与经济产业省能源资源厅对资源国开展矿山矿产资源分离冶炼技术调查与遥感地质调查等工作；在详细勘查阶段，有关机构与矿企一起开展地质调查工作；在调查矿山周边基础设施阶段，调查资源国矿山附近交通、电力等基础设施的完善程度；在矿产资源开发阶段，为矿企的贸易保险、债务担保与开发融资提供便利；在生产加工阶段，为矿企的资源进口融资、开发融资、生产技术评价与贸易保险提供支持；在产业及其他事业合作阶段，与资源国在节能、新能源、循环经济、替代材料等方面开展可能的合作。

4. 运用全方位政策支持海外矿产资源勘探开发活动。进行海外矿产资源勘探开发活动需要面临诸多风险。从矿业投资链条来看，勘探环节需要的资金量大，花费的时间长，但成功率却不高，风险最大；即使勘探成功，离最终的开采与生产环节仍需很长时间，这其中同样存在很大的不确定性。另外，不同国家政治、文化、矿业制度的差异也会在无形中增加海外矿产资源勘探开发的风险。为了降低风险，提高日本矿业企业进行海外矿产资源勘探开发的积极性，日本政府通过实施海外资源勘探补贴计划、建立海外资源风险勘查补助金制度、建立全球资源信息网络、鼓励技术合作和经济援助、支持矿山周边基础设施建设与为海外矿产资源勘探开发活动提供金融、保险、税收支持等一系列政策措施全方位地支持日本企业的海外矿产资源勘探开发活动。其中，海外资源勘探补贴计划主要为日本矿企的海外地质调查、矿产勘查与矿山建设等活动提供贷款、担保与资助；海外矿产资源勘查补助金基本是无偿性质的，具体包括产油国开发情报调查补助金、海外有色金属矿产资源勘查补助金与海外地质构造调查补助金等；全球资源信息网络通过为日本矿业企业提供资源国矿产潜力、矿产品与矿业权市场情况、矿业投资环境、国际矿业走势追踪等信息为其海外矿产资源投资活动提供行动指南。在这一系列政策措施的支持下，日本矿业企业开发海外矿产资源的热情高涨，并在海外建立了大批矿产资源基地，确保了其国内矿产资源的稳定供给。

三、加拿大保障矿产资源消费的开发利用战略

加拿大地域广阔，矿产资源丰富，是全球主要的石油、天然气、煤、铁矿石、铜、铝、铅、镍、金、银等矿产资源生产国与出口国。在发达国家中，加拿大是唯一将矿业列为支柱产业的国家，矿业作为加拿大经济繁荣的重要动力，在加拿大经济社会发展中扮演着重要的角色。因此，加拿大高度重视矿产资源的可持续开发利用，并主要通过形成多层次的矿产资源勘探体系、重视矿产资源的清洁生产、多管齐下鼓励矿产资源勘探和开发、完善的矿业融资市场等方式促进本国矿产资源的可持续开发利用。

（一）形成多层次的矿产资源勘探体系

加拿大拥有百余年的矿产资源开发史，经过长时间的矿产资源开发实践，加拿大现已形成了一套较为完善的多层次矿产资源勘探体系。目前，在加拿大，参与矿产资源勘探开发的主体包括矿业公司、高级勘查公司、初级勘查公司与独立找矿人。其中，独立找矿人聚焦于“某地是否存在矿产资源”的问题，初级勘查公司聚焦于“某地大约拥有多少矿”的问题，高级勘查公司聚焦于“此地的矿是否具有经济价值”的问题，矿业公司聚焦于“如何实现挖出的矿的价值”的问题。在实际矿产资源勘探开发过程中，这些主体之间分工明确、共同合作、互相依存。此外，加拿大国内还存在一系列中介机构为矿产资源勘探开发活动服务。这些中介结构主要包括为矿产资源勘探开发所需要的工程、法律、技术与经济提供服务的工程承包公司、设计院、技术服务公司、会计师事务所、律师事务所；为矿产资源勘探开发提供投融资服务的投资银行、商业银行、证券交易所与机构投资者。

（二）重视矿产资源的清洁生产

加拿大十分重视矿产资源的清洁生产，并综合运用法律、经济等手段尽可能减少矿产资源开发活动对环境的负面影响。为了突出污染防治在矿产资源开发中的作用，加拿大在1999年重新修订了《环境保护法》。作为联邦制国家，加拿大各省也出台了一系列旨在保护生态环境的法律法规。目前，加拿大法律明确规定，在新矿产开发项目设立和原有矿产开发项目扩大规模之前，均需对其进行环境评估。在编制采矿计划时，如果发现具备开采价值的矿产，除了需提供决定矿产资源开发是否具有经济性的可行性研究外，还需另外提供环境影响声明与矿山恢复计划。实际上，在加拿大，矿山恢复工作贯穿于整个矿产资源开发活动中。在矿产勘查阶段，矿业企业需尽量减少钻孔、探矿等活动对水环境、土地与生物的影响；在开采矿产资源之前，有关部门需对当时的生态环境状况进行取样研究，并将研究结果作为矿山复垦的参照；在矿产开采过程及矿山闭坑后，矿业企业必须严格按照政府通过的矿山恢复方案推进复垦工作。为了更好地修复与整治矿山环境，加拿大还建立了环境保护支出统计制度、环境绩效报告制度等一系列配套措施。此外，加拿大还形成了完善的环保产业，为矿产资源开发过程中的污水处理、固废处理、土壤和空气质量测试等提供全方位的环保服务，有效地减轻了矿产资源开发活动对环境的不利影响。

（三）多管齐下鼓励矿产资源勘探开发

作为联邦制国家，加拿大各省对矿产资源勘探开发活动具有立法权，每个省均有各自的矿业法，并对进入该区寻找矿产资源并获得勘查、开发和生产矿产资源的权利予以法律保护，矿业权人可以依法获取勘区证、勘探许可证、采矿租约与开发矿产资源的地面权利。为了鼓励矿产资源勘探开发活动，加拿大不仅实行了包括找矿人补助计划、矿产勘查鼓励计划、油气勘查开发鼓励计划与固体勘查折耗减免制度等在内的系列补助计划，还通过科研机构向矿业企业普及新技术、利用信息系统为矿业企业提供丰富的地质、矿产、矿业等信息提高企业矿产资源勘探开发的有效性。此外，加拿大还积极鼓励外资进入本国矿产资源行业，不过对于铀矿这一战略性矿种，加拿大对外资的进入有严格限制，即外资只能在较小的、个体的铀矿项目生产的第一阶段占有部分股权（不能超过49%）。

（四）完善的矿业融资市场

矿产资源开发活动具有明显的“周期长、投资大、风险高”的特点，完全依靠企业自有资金难以支撑整个矿产资源开发活动。因此，从外部渠道获取资金成为矿业企业的重要选择。实际上，一国矿业企业能否便捷地从外部融资市场获取资金已成为判断一国矿业发达与否的重要标志。作为具有悠久历史的矿业国，加拿大拥有成熟的矿业资本市场为矿产资源开发活动提供资金支持。其中，多伦多证券交易所不仅仅是加拿大最大、北美第三大、全球第六大的证券交易所，还是世界最大的为矿业公司提供融资和上市服务的资本平台。目前，多伦多证券交易所能为矿业企业提供普通股、可转换债券、公司债券、认股凭证、股票期权与可抵税流通股等多种融资工具。为了便于矿业公司更好地从资本市场融得资金，加拿大针对矿业公司的经营特点对上市要求进行了制度创新，即允许还未实现盈利的矿业公司以矿产资源储量、矿产开发权或勘探权作为上市融资的关键指标。此举通过降低矿业企业的上市门槛丰富了矿业企业资金来源，进而有力地促进了加拿大矿产资源行业的发展。此外，加拿大还通过制定行业标准、法律法规等手段规范矿业市场融资行为，如加拿大著名的NI43－101国家矿产项目披露标准的实施通过降低市场对矿产项目的判断成本，促进了资本与矿产的结合，进而为加拿大矿产资源勘探开发活动提供资金保障。

第三节　总体思路与基本原则

一、总体思路

通过分析与比较美国、日本与加拿大这3个国家的矿产资源战略不难发现，发达国家基于本国矿产资源禀赋特征与经济社会发展需要制定了一系列政策措施，以充分保障矿产资源的可持续开发与稳定供应。实际上，在矿产资源总量方面，中国的国情与美国、加拿大类似，均蕴藏着丰富的矿产资源；在矿产资源对外依存度方面，中国的现状又与日本、美国相近，都需从国际市场进口大量的矿产资源才能弥补国内巨大的供需缺口；在矿产资源人均占有量方面，中国的禀赋特征又和日本接近，人均资源占有量都远低于世界平均水平。因此，我国在构建保障矿产资源消费的国家战略过程中既要充分考虑我国的具体国情，又要综合借鉴发达国家矿产资源开发利用的实践。从增强工业化中后期矿产资源综合保障能力与实现以较少的资源消耗支撑经济社会的可持续发展角度出发，我国保障矿产资源消费的国家战略的总体思路可以概括为：立足国内，拓展海外，保障供给；创新技术，提高效率，节约消费；转变方式，绿色发展，保护环境；官民并举，建立储备，规避风险；综合考虑，权衡优劣，分类施策。

二、基本原则

在总体思路的指导下，我国构建保障矿产资源消费的国家战略还需从资源安全、产业发展、经济安全、国家安全的全局出发，坚持下列基本原则：

（一）维护国家资源安全

矿产资源是人类生产、生活的重要原材料，也是推动工业化进程与经济社会发展的重要物质基础。人类社会的文明进化史既是一部矿产资源开发史，也是一部矿产资源争夺史，尤其是步入工业化社会以来，各国对矿产资源的争夺态势愈演愈烈。因此，要把维护国家资源安全作为构建矿产资源国家战略的根本出发点与落脚点，通过全面评估中国各类矿产资源的禀赋状况与开采条件，从勘探、开采、冶炼、加工、应用、贸易、储备等各个环节提升矿产资源供给的利用效率与可持续性，从而为我国经济社会健康可持续发展提供稳定、有力的原材料保障。

（二）重视生态环境保护

党的十八大报告首次提出“大力推进生态文明建设”，并高度重视加强生态文明建设。长期以来，矿产资源开采、冶炼、加工等环节对生态环境造成的破坏有目共睹，矿产资源开发利用活动引发的环境问题触目惊心。因此，中国有必要将保护生态环境作为矿产资源国家战略的基本原则，协调矿产资源开发活动与生态环境保护间的关系。一方面，中国需牢固树立绿色发展理念，通过鼓励与推广绿色开采技术，积极发展绿色矿业，加快转变矿业生产方式，切实减少矿产资源开发活动对环境的影响，实现矿地和谐、科学发展；另一方面，中国仍要不断完善污染防控标准，严守环保底线，把牢环保门槛，切实加大环境整治与废弃地修复力度，修复生态环境，保护矿业工作者及矿区居民的健康，实现矿产资源可持续开发利用。

（三）厘清政府与市场边界

市场经济通过价格机制与竞争机制能有效促进企业创新技术、改善管理，进而提高找矿准确性、企业生产效益与矿业竞争力。不过，鉴于部分矿产资源在国防军工、航空航天等战略领域具有关键性作用，而市场经济存在盲目性、自发性与滞后性等弊端，如果完全依靠市场机制调节矿产资源的勘探、开采、冶炼、加工等活动往往会导致无序开发、采富弃贫、公益性地质投入不足等问题，不仅极大地浪费矿产资源，还会严重影响矿产资源的可持续开发利用。因此，政府通过产业政策、行业规划引导矿业健康有序发展显得十分有必要，但这并不意味着政府对矿产资源行业大包大揽，构建矿产资源国家战略还需厘清政府与市场的边界，充分协调“无形的手”与“有形的手”间的关系，让市场在资源配置中起决定性作用的同时，更好地发挥政府作用。

（四）坚持开放式利用

在经济全球化的大背景下，中国经济已与世界经济深度融合在一起，在矿产资源领域更是如此。中国唯有顺应经济全球化的历史潮流，坚持开放式利用，才能更好地利用两个市场、两种资源，实现利用国际矿产资源市场调剂余缺与引进先进技术提高矿业竞争力的目的。同时，作为一个“负责任、能担当”的大国，中国有义务在兼顾国内消费和国际需求的同时，积极倡导矿产资源开放利用原则，通过技术研发、项目合作、人才交流等方式加强世界各国在矿产资源领域的合作，加快形成多元化的全球矿产品供给格局，推动全球矿产品贸易体制朝着更加公正合理的方向发展。

（五）树立分类施策理念

矿产资源种类丰富，对于不同的矿种，中国的资源潜力、需求状况、短缺程度不尽相同。因此，对于不同类型的矿产资源，中国应牢固树立分类施策理念。对于那些国内资源潜力有限，需求较高，需要长期依赖进口的短缺矿产资源，应积极采取全球战略，增加矿产资源进口渠道，推动矿产资源进口来源多元化，并加大对国外矿产资源的投资、勘探与开发力度，积极利用国外矿资源，满足国内经济社会发展对矿产资源的需求。对于那些国内储量丰富，不仅能满足国内需求，还可以大量出口的优势矿产资源，应坚持“在开发中保护、在保护中开发”原则，将对资源的保护置于开发利用的首要位置，合理控制开发规模，积极提高矿产品的技术含量和附加值。对于那些需求基本可以由国内供给满足的普通矿产资源，既要加强国内矿产资源的勘查力度，提高资源可持续供给程度，也要积极利用国际市场调剂余缺。

第四节　具体举措

在总体思路与基本原则的指导下，中国要善于用好两个市场、两种资源，并积极采取以下措施构建保障矿产资源消费的国家战略。

一、夯实国内矿产品保障基础

当前，中国已经成为全球最大的资源消耗国，矿产品消费量惊人，与此同时，中国地大物博，矿产资源丰富，矿产资源供应潜力巨大。因此，中国还需立足国内，通过加强国内矿产资源勘查、合理开发国内矿产资源、完善矿产资源价格形成机制与以供给侧结构性改革为依托促进矿业提质增效等多种方式夯实国内矿产品保障基础。

（一）加强国内矿产资源勘查

加强国内矿产资源勘探力度，增加探明储量才能夯实矿产资源可持续供给的基础。未来，中国可以从提高勘探投入与提升勘探技术这两个角度入手加强对国内矿产资源的探矿力度。一方面，在保持政府勘探投入稳步增长的同时，中国可以通过完善民资分配制度，提高民资收益的方式激发社会资本探矿热情，提高勘探投入为探矿活动提供资金支持；另一方面，中国可以综合采用技术引进、合作研发与自主创新等多种方式提升勘探技术，尤其是加快提升深海勘探技术，推进深海矿产资源勘探步伐，为拓宽矿产资源勘探领域提供坚实的技术支撑。

（二）合理开发国内矿产资源

我国矿产资源开发过程中长期存在利用率低的问题，这不仅造成了资源的极大浪费，还进一步加剧了国内矿产资源供求紧张的局面。因此，我国需在兼顾近期矿产资源需求和长期发展需要的情况下，通过提高资源二次利用率、加强矿产资源综合利用率等手段合理均衡地开发利用国内矿产资源，发挥国内矿产资源在我国矿产资源长期稳定供应中的基础性作用。值得注意的是，我国亟须从战略上高度重视优势矿产资源的保护性开发利用。因为经过长期的超负荷开采与过量出口，我国锡、钨、稀土等优势矿产储量迅速下降，优势地位逐渐丧失。虽然锡、钨、稀土等优势矿产资源工业用量较小，但在战略性新兴产业、高新技术产业等领域却有广泛的用途。因此，在合理开发国内优势矿产资源方面，首先，要把对资源的保护置于开发利用优势矿产资源的首要地位，合理控制开发规模；其次，加快淘汰落后产能，提高行业集中度，尤其是要严格限制外资进入我国优势矿产资源初级产品生产领域，防止资源过度出口；最后，鼓励企业采用高新技术对矿产品进行深加工，提高矿产品技术含量和附加值。

（三）完善矿产资源价格形成机制

价格机制是调节市场供求、优化资源配置的重要手段。然而，我国当前的矿产资源价格形成机制并不合理，资源租、环境成本等因素均未充分体现在矿产资源价格中，使得中国矿产资源价格水平长期偏低。扭曲的矿产资源价格因无法体现矿产资源的稀缺性，使得中国矿产资源因过度开采问题导致保障年限不足。因此，中国有必要从以下 3 方面入手抓紧完善矿产资源价格机制，合理开发矿产资源。首先，加快资源产权改革步伐。尽快建立明晰的矿产资源产权制度，减少在资源无主情况下因矿产资源掠夺性开采、无偿使用导致的资源消耗过度问题。其次，尽快对矿产资源征收环境税、资源税，提高矿产资源开发成本。最后，完善矿产资源交易市场制度，通过期货市场的价格发现功能进一步完善我国矿产资源价格机制。

（四）以供给侧结构性改革为依托促进矿业提质增效

伴随我国经济进入新常态，矿业在告别黄金十年后陷入了持续低迷，行业利润急剧下滑。这其中经济周期当然是重要的影响因素，但归根结底是因为我国矿业供给体系存在结构性矛盾，突出表现为无效、低端产能过剩，有效、高端供给不足。因此，我国有必要以供给侧结构性改革为依托，以“去产能、去库存、去杠杆、降成本、补短板”五大任务为抓手，鼓励矿业企业采用新工艺、新技术、新设备对现有工艺、设施进行改造提升，淘汰落后产能，补齐矿业企业技术、管理短板，降低矿业企业生产成本，提高生产效率，优化矿产品质量，增加优质矿产品供给，形成中低端产品并举的矿产品供给体系，从而促进矿业提质增效。

二、加快矿业“走出去”步伐

鼓励矿业企业到海外进行矿产资源投资合作，加快中国矿业“走出去”步伐，既是满足我国经济社会对矿产资源需求日益增长的必然要求，也是提升中国矿业国际竞争力的必由之路。经过 10 多年的矿业“走出去”实践，我国在矿产资源海外投资合作方面既取得了一系列不菲成绩，也面临不少问题。今后，我国还需从加强与海外资源国地质调查合作、树立负责任的矿业大国形象、建立境外矿业投资风险评价体系、以“一带一路”倡议为支点推动矿业“走出去”与多措并举利用海外矿产资源等方面入手支持矿业企业到海外进行矿产资源投资合作，助力中国矿业“走出去”。

（一）加强与海外资源国地质调查合作

经过30多年的快速发展，我国经济实力迅速提升，在矿产资源领域也积累起了较为先进的地质勘探技术。未来，我国可以采取经济、技术援助等方式加强与海外资源国的地质调查合作，充分发挥地质调查工作对矿业“走出去”的牵引和拉动作用。一方面，充分发挥我国在地质调查技术领域的比较优势，详细研究资源国矿产资源的分布规律与禀赋特征，做好海外资源国的地质调查工作；另一方面，通过集成海外地质数据、建立海外地质信息数据网等方式完善海外地质信息共享服务，为矿业企业提供全面、详细的信息，指导矿业企业更好地“走出去”。

（二）树立负责任的矿业大国形象

现如今，环境保护意识、可持续发展观念已经成为国际主流理念。不单单是发达国家，新兴国家与发展中国家也十分重视矿产资源开发活动对生态环境的影响。因而，树立注重保护环境、秉持可持续发展理念的负责任矿业大国形象，有利于为海外矿产资源开发利用活动营造良好的外部环境。鉴于目前我国矿业企业社会责任建设刚刚起步，我国可在梳理、总结海外矿业投资成功经验的基础上，制定矿业企业社会责任标准，引导矿业企业在投资、开发海外矿产资源的过程中主动树立环保理念，进而在全球树立负责任的矿业大国形象。

（三）建立境外矿业投资风险评价体系

由于部分资源国存在矿业政策不完善、法律制度不健全、社会环境不稳定等问题，影响了我国矿业企业的投资热情，减缓了我国矿业企业的“走出去”步伐。因此，我国有必要建立海外资源国矿业政策库，及时反映资源国的矿业政策及其变动情况，与此同时，加快建立境外矿产资源投资风险评价体系，综合研判境外矿产资源的投资风险，为我国矿业企业境外投资提供决策参考。

（四）以“一带一路”倡议为支点推动矿业“走出去”

“一带一路”倡议是我国综合当前国际国内形势推出的重大举措，沿线国家大多处于全球重要成矿带，矿产种类齐全，找矿潜力巨大，尤其是铁、铜、铅、锌、石油等资源优势显著，与我国具备广泛的合作基础。因此，中国应在坚持共商共建共享的前提下，扎实推进“一带一路”建设，凭借自身积累的技术优势、资本优势、管理优势，积极加强与“一带一路”沿线国家在矿产勘探、合作开发等领域的交流合作，以“一带一路”倡议为支点推动矿业“走出去”，实现我国矿产资源供应在全球范围内的优化配置。

（五）多措并举利用海外矿产资源

目前，我国主要采取贸易方式直接从国际市场购买矿产资源。在我国进口矿产品数量不断增多、对外依存度日益攀升的背景下，购买矿这一利用方式在面临国际矿产品市场价格波动时往往缺乏足够的抗风险能力。因此，我国应改变当前主要采取购买矿的海外矿产资源利用方式，鼓励矿业企业灵活采取贸易、并购、合资、参股、独资等多种经营方式投资境外资源，尽快形成以购买矿、勘查矿、股本矿这 3 种利用方式为主的海外矿产资源利用新模式，多措并举利用海外矿产资源。

三、积极发展绿色矿业

绿色矿业是指在矿山开采过程中采取有效措施，实现生态环境影响最小化与矿产资源开发最优化。发展绿色矿业、建设绿色矿山有助于加快转变矿业发展模式，是生态文明建设的重要抓手，也是实现生态中国、美丽中国的必由之路。未来，我国还需从树立绿色发展理念、增强规划引领作用、落实相关配套措施与发挥社会团体的支撑作用等方面入手，推动我国绿色矿业健康快速发展，实现矿产资源开发的社会效益、生态效益与经济效益协调统一，缓解环境压力。

（一）树立绿色发展理念

发展绿色矿业、建设绿色矿山的主体是矿业企业，关键在于充分调动矿业企业的积极性、主动性与创造性。一方面，要推动矿业企业加快构建绿色企业文化，树立绿色发展理念，主动承担矿产资源集约利用、生态环境保护、土地复垦等企业责任，将生产工艺环保化、矿山环境生态化、资源利用高效化、开采方式科学化的外在要求转化为内在动力，确立矿业企业在绿色矿业发展中的主体作用；另一方面，鼓励矿业企业采用先进技术，积极开展尾矿利用、“三废”综合利用、资源综合利用、节能减排与矿山环境治理等活动，多措并举提高资源利用水平，减少矿产资源开发活动对环境的影响。

（二）增强规划引领作用

为了更好地发挥规划的引领作用，在统筹绿色矿业发展的长期性、整体性等问题的基础上，尽快编制科学详细的绿色矿业发展总体规划，指导全国绿色矿业发展。一方面，规划需要包含一套科学合理的考评指标体系，考评标准可以包括绿色矿业产值、绿色矿业发展程度、矿山区域和谐发展程度、矿山环境保护与综合治理情况等内容；另一方面，可以建立包含国家、省、市（县）3 个层级规划在内的相互衔接、分级管理的空间规划体系，完善分地域、分行业的绿色矿山建设标准，以提高规划的合理性与有效性。

（三）落实相关配套措施

发展绿色矿业、建设绿色矿山离不开资金、税收、土地等多方面的支持，在制定科学详细的绿色矿业发展总体规划后，还需根据实际情况，研究落实相关配套措施，助力绿色矿业发展。首先，对按照标准建设绿色矿山的企业优先给予资金、信贷支持，适当提高环境治理、资源综合利用等中央财政专项资金对绿色矿山示范基地的倾斜与支持力度，并酌情考虑增设绿色矿业发展专项资金，加大对绿色矿业发展的资金扶持力度，促进其健康发展。其次，对发展绿色矿业、建设绿色矿山的企业，减免其应当缴纳的矿产资源税、矿产资源补偿费、排污费、环境资源税、耕地占用税等税费，提高企业发展绿色矿业的积极性。最后，在同等条件下，优先保障发展绿色矿业、建设绿色矿山的企业用地需求，鼓励企业发展绿色矿业。

（四）发挥社会团体的支撑作用

在发展绿色矿业、建设绿色矿山过程中，应充分发挥中国矿业联合会、各级矿业协会等社会团体组织的“中介”功能，既要加强绿色矿业发展政策的宣传普及工作，又要做好对矿企的调研工作，及时反映矿企在发展绿色矿业、建设绿色矿山过程中遇到的问题与困难，积极为企业发展绿色矿业、建设绿色矿山提供技术咨询、方案设计、经验交流等服务，切实承担起推进绿色矿业发展的支撑工作。

四、尽快建立矿产资源战略储备体系

虽然我国已建立起了部分矿种（石油）的战略储备，但在我国矿产资源消费量日益增加，对外依存度不断攀升的背景下，我国尚未完全建立起与我国资源安全形势相匹配的矿产资源战略储备体系，在矿产资源战略储备体系方面还存在体制不完善、机制不灵活、国家层面法律缺失等问题。因此，有必要以完善矿产资源战略储备体制机制、加快国家层面矿产资源储备立法步伐等为切入点尽快建立矿产资源战略储备体系，保障我国矿产资源的安全供给。

（一）建立国家层面的矿产资源储备法律法规

与美国、日本等发达国家相比，我国至今尚未从国家层面建立有关矿产资源战略储备的法律法规，只是在国民经济和社会发展规划、《找矿突破战略行动纲要（2011—2020年）》等规划纲要中提出要“建立重要矿产资源储备体系”，这使得我国矿产资源战略储备缺乏法律保障，权威性不足，不利于矿产资源战略储备工作的实施。因此，我国有必要加快国家层面矿产资源战略储备立法步伐，尽快制定《矿产资源储备法》，明确矿产资源战略储备的目标、基本原则、管理机构、保障机制、调整原则等内容，做好矿产资源战略储备的顶层设计，为矿产资源战略储备提供法律保障。

（二）构建矿产品、矿产地与产能储备三位一体的储备体系

矿产品储备在和平时期可以有效应对由自然灾害、突发事故等原因造成的短期市场供应中断风险，在战争时期能为国防军工提供原材料支撑；矿产地储备有利于保证矿产资源代际安全与国内矿产资源稳定、可持续开发利用；产能储备则是有效联结矿产地储备与矿产品储备的重要保障。因

此，我国应官民并举，尽快构建起矿产品、矿产地与产能储备三位一体的储备体系，充分发挥这3种储备方式在矿产资源战略储备中的作用，保障我国矿产资源的安全供应。

（三）完善矿产资源战略储备管理机制

与美国、日本等已经建立起较为完善的矿产资源储备体系的国家相比，我国尚未设立专门的矿产资源战略储备管理机构，对矿产资源战略储备缺乏统一的组织与协调。与此同时，我国针对部分矿种建立的矿产资源战略储备体制还存在缺乏动态收储与释放机制的问题。因此，一方面，我国可以积极借鉴美国、日本等国家先进的矿产资源战略储备管理经验，设立专门的矿产资源战略储备管理机构，具体负责组织、开展矿产资源战略储备计划制定、矿种选择、规模确定与日常的收储、释放与运行等工作；另一方面，应抓紧构建科学合理的矿产资源评价体系，建立矿产资源安全监测、预警制度，以补劣、补紧、补缺为原则对储备矿种进行动态调节。

第五节 本章小结

矿产资源在促进经济社会发展与推进工业化进程中占据重要的战略地位，由于矿产资源种类繁多，加之各种矿产资源在全球地理分布上呈现不均匀的特征，任何一个国家（即使是矿产资源丰富的国家）都无法完全依靠国内矿产品生产满足本国对矿产资源的多样化需求。因此，发达国家均十分重视在国家层面建立矿产资源战略保障国内矿产资源的长期稳定供应。如美国主要通过科学合理地开发利用本国矿产资源、构建完善的矿产资源战略储备体系、以援助和投资为手段加强对全球矿产资源的控制等措施实施“全球开放式”的矿产资源开发利用战略。日本主要通过高度重视矿产资源的循环利用、政府干预与市场调节相结合的矿产资源管理体制、建立官民并举的矿产资源储备制度与构建全球矿产资源供给体系等方式保障矿产品的可持续供应。加拿大主要通过形成多层次的矿产资源勘探体系、重视矿产资源的清洁生产、多管齐下鼓励矿产资源勘探和开发、完善的矿业融资市场等方式促进本国矿产资源的可持续开发利用。通过分析与比较美国、日本与加拿大这三个国家的矿产资源战略不难发现，发达国家基于本国矿产资源禀赋特征与经济社会发展需要制定了一系列政策措施，以充分保障矿产资源的可持续开发与稳定供应。实际上，在矿产资源总量方面，中国的国情与美国、加拿大类似，均蕴藏着丰富的矿产资源；在矿产资源对外依存度方面，中国的现状又与日本、美国相近，都需要从国际市场进口大量的矿产资源才能弥补国内巨大的供需缺口；在矿产资源人均占有量方面，中国的禀赋特征又和日本接近，人均资源占有量都远低于世界平均水平。因此，我国在构建保障矿产资源消费的国家战略过程中既要充分考虑我国的具体国情，也要综合借鉴发达国家矿产资源开发利用的实践。从增强工业化中后期矿产资源综合保障能力与实现以较少的资源消耗支撑经济社会的可持续发展的角度出发，我国保障矿产资源消费的国家战略的总体思路可以概括为：立足国内，拓展海外，保障供给；创新技术，提高效率，节约消费；转变方式，绿色发展，保护环境；官民并举，建立储备，规避风险；综合考虑，权衡优劣，分类施策。在总体思路的指导下，我国构建保障矿产资源消费的国家战略还需从资源安全、产业发展、经济安全、国家安全的全局出发，坚持维护国家资源安全、重视生态环境保护、厘清政府与市场边界、坚持开放式利用、树立分类施策理念等基本原则，并在夯实国内矿产品保障基础、加快矿业“走出去”步伐、积极发展绿色矿业和尽快建立矿产资源战略储备体系等方面采取具体措施构建保障矿产资源消费的国家战略。

第九章　结　论

金属矿产资源是经济社会发展的物质基础，也是工业化顺利推进的重要保障，在现代工业体系中具有广泛的应用，占据基础性地位。总体来看，我国金属矿产资源种类较为齐全，蕴藏量也比较丰富。随着我国工业化进程的不断推进，我国金属矿产资源的产量、消费量与贸易量均呈现不断上升态势，目前，我国已成为全球金属矿产资源储藏、开采、生产、消费和贸易大国。金属矿产资源作为不可再生的战略性资源，其可持续开发利用不仅关系到相关产业发展及国际竞争力的提升，还将直接影响我国的资源安全、经济利益与工业化进程。

本书以铁、铜、铅、锌、锡、铝这 6 种矿产资源为例，对工业化进程中金属矿产资源消费问题进行了研究，主要结论有：

1. 本书通过对美国、英国、法国、德国与中国等主要工业化国家工业化进程中金属矿产资源的消费历史进行分析发现，工业化过程中金属矿产资源消费量、人均金属矿产资源消费量与金属矿产资源消费强度均表现出“先增加后减少”的特征，进而呈现出倒“U”形曲线关系，且金属矿产资源消费量、人均金属矿产资源消费量与金属矿产资源消费强度基本均在后工业化阶段达到峰值。不过，中国目前尚处于倒“U”形曲线的左半部分，金属矿产资源消费量、人均金属矿产资源消费量与金属矿产资源消费强度仍主要表现出随着工业化的推进而不断增长的态势。实际上，上述倒“U”形曲线关系背后的经济学含义是：在工业化初期，随着一国开发利用金属矿产资源的能力不断增强与在国民经济中工业比重的上升，一国金属矿产资源需求开始增加；在工业化中期，随着工业比重的进一步上升与产业结构完成以轻工业为主向以重化工业为主的转变，一国金属矿产资源需求急剧增加并最终达到峰值；步入工业化后期后，随着重工业在工业结构中比重下降与高技术产业在工业结构中开始占据主体地位，一国对金属矿产资源需求步入下降轨迹；到了后工业化阶段，受工业结构向高端升级与第三产业在国民经济中占据主体地位的影响，一国对金属矿产资源的需求进一步下降并逐步维持在一个较低水平。

2. 本书首先利用美国、英国、法国与德国这 4 个国家的有关数据，运用 PMG 估计法对 4 国工业化进程中 6 种金属矿产资源消费驱动因素的影响进行测算；之后加入中国的数据，并对包含中国在内的 5 国数据再次运用 PMG 估计法对 5 国工业化进程中 6 种金属矿产资源消费驱动因素的影响进行测算，接着通过对比这两种估计结果得出中国在样本期内对这 6 种金属矿产资源消费趋势的影响。最后得出的实证结论如下：

（1）4 国工业化进程中 6 种金属矿产资源消费的实证结果显示，估计出的 6 种矿产资源的制造业增加值长期系数均显著为正，说明制造业增加值的提高会引起矿产资源消费量的增加。对于锡、铁和铝这 3 种矿产，估计出的时间趋势项均为负，表明技术进步会引起这 3 种矿产资源消费量的下降。估计出的 6 种矿产资源的长期价格需求弹性均远小于 1，且均在统计上显著，除了锡和铁外，其他矿产资源的短期价格需求弹性均不显著，这反映出价格机制对矿产资源消费的影响主要是在长期，短期作用不明显，且价格变化对这 6 种矿产资源需求的长期影响均较小。估计出的 6 种矿产资源的调整系数均为负数，表明铅、铜、锌、锡、铁与铝这 6 种矿产资源的需求与制造业增加值、矿产品价格间均存在长期误差调整过程。

（2）包含中国在内的 5 国工业化进程中 6 种金属矿产资源消费的实证结果显示，总体上看，除了铁外，估计出的其他 5 种矿产资源的制造业增加值长期系数均显著为正，说明制造业增加值的提高确实会引起矿产资源消费量的增加。估计出的锡、铁和铝这 3 种矿产资源的时间趋势项均为负，表明技术进步会导致这 3 种矿产资源消费量的下降；估计出的铜的时间趋势项为正，表明铜的消费量会随着时间的增加而增加，这主要是因为铜在电子产品领域有广泛的用途，特别是近年来电子消费品的广泛应用带动了铜消费量的增长。估计出的6种矿产资源的长期价格需求弹性均远小于1，且均在统计上显著，除了铁外，其他矿产资源的短期价格需求弹性均不显著，这反映出价格机制对矿产资源消费的影响主要是在长期，短期作用不明显，且价格变化对这6种矿产资源需求的长期影响均较小。估计出的6种矿产资源的调整系数均为负数，表明铅、铜、锌、锡、铁与铝这6种矿产资源的需求与制造业增加值、矿产品价格间均存在长期误差调整过程。

（3）通过对比4国模型的实证结果与包含中国在内的5国模型的实证结果可以发现，加入中国的有关数据后，铅、锌、锡和铝的长期制造业产出系数分别从0.557、0.646、0.052和2.769提高到0.803、1.308、1.626和2.885，这表明中国工业化过程中对这4种矿产资源的巨大消费需求使这4种矿产资源的长期制造业产出系数均有所提高；铜的长期制造业产出系数从1.959降低到1.446，这很可能是由于铜在电子消费品领域应用广泛，而中国在工业化过程中，特别是工业化初期，与美国、英国、法国和德国相比，电子信息产业发展相对落后，因此对铜的消费需求也较少，进而拉低了铜的长期制造业产出系数；估计出的铅、铜、锌、锡这4种矿产资源的长期价格需求弹性绝对值分别从0.140、0.530、0.168、0.306减少为0.129、0.334、0.124、0.303，这表明中国工业化过程中对这4种矿产资源的巨大消费需求使得这4种矿产资源的价格弹性均有所下降。

（4）考虑到不少研究成果论证的金属消费强度下降态势是在运用人均GDP数据的情况下得出的，而本书两种回归结果的结论表明制造业本身对金属矿产资源的消费强度并不低，综合两方面因素考虑，产业结构变化很可能是影响金属消费强度的关键因素，金属矿产资源整体消费强度下降更多是因为制造业比重下降。

3. 矿产资源在促进经济社会发展与推进工业化进程中占据重要的战略地位，由于矿产资源种类繁多，加之各种矿产资源在全球地理分布上呈现不均匀的特征，任何一个国家（即使是矿产资源丰富的国家）都无法完全依靠国内矿产品生产满足本国对矿产资源的多样化需求。因此，发达国家均十分重视在国家层面建立矿产资源战略保障国内矿产资源的长期稳定供应。如美国主要通过科学合理地开发利用本国矿产资源、构建完善的矿产资源战略储备体系、以援助和投资为手段加强对全球矿产资源的控制等措施实施“全球开放式”的矿产资源开发利用战略。日本主要通过高度重视矿产资源的循环利用、政府干预与市场调节相结合的矿产资源管理体制、建立官民并举的矿产资源储备制度与构建全球矿产资源供给体系等方式保障矿产品的可持续供应。加拿大主要通过形成多层次的矿产资源勘探体系、重视矿产资源的清洁生产、多管齐下鼓励矿产资源勘探和开发、完善的矿业融资市场等方式促进本国矿产资源的可持续开发利用。通过分析与比较美国、日本与加拿大这 3 个国家的矿产资源战略不难发现，发达国家基于本国矿产资源禀赋特征与经济社会发展需要制定了一系列政策措施，以充分保障矿产资源的可持续开发与稳定供应。实际上，在矿产资源总量方面，中国的国情与美国、加拿大类似，均蕴藏着丰富的矿产资源；在矿产资源对外依存度方面，中国的现状又与日本、美国相近，都需要从国际市场进口大量的矿产资源才能弥补国内巨大的供需缺口；在矿产资源人均占有量方面，中国的禀赋特征又和日本接近，人均资源占有量都远低于世界平均水平。因此，我国在构建保障矿产资源消费的国家战略过程中既要充分考虑我国的具体国情，也要综合借鉴发达国家矿产资源开发利用的实践。从增强工业化中后期矿产资源综合保障能力与实现以较少的资源消耗支撑经济社会的可持续发展的角度出发，我国保障矿产资源消费的国家战略的总体思路可以概括为：立足国内，拓展海外，保障供给；创新技术，提高效率，节约消费；转变方式，绿色发展，保护环境；官民并举，建立储备，规避风险；综合考虑，权衡优劣，分类施策。在总体思路的指导下，我国构建保障矿产资源消费的国家战略还需从资源安全、产业发展、经济安全、国家安全的全局出发，坚持维护国家资源安全、重视生态环境保护、厘清政府与市场边界、坚持开放式利用、树立分类施策理念等基本原则，并在夯实国内矿产品保障基础、加快矿业“走出去”步伐、积极发展绿色矿业和尽快建立矿产资源战略储备体系等方面采取具体措施构建保障矿产资源消费的国家战略。

参考文献

[1] Achzet, B. , Reller. A. , Zepf, V. Materials Critical to the Energy Industry: An Introduction. University of Augsburg report for the BP Energy Sustainability Challenge. Augsburg, Germany, 2011.

[2] Akarca, A. T. , Long, T. V. On the Relationship between Energy and GNP: A Reexamination . Journal of Energy and Development, 1980: 326 –331.

[3] Alcantara, V. , Duarte, R. . Comparison of Energy Intensities in European Union Countries, Results of A Structural Decomposition Analysis. Energy Policy , 2004, 32 (2): 177 –189 .

[4] Allen, S. L. Energy and Economic Growth in the United States, MIT Press: Cambridge (MA), 1979.

[5] Ang, B. W. , Lee, S. Y. Decomposition of Industrial Energy Consumption: Some Methodological and Application Issues. Energy Economics, 1994, 16 (2): 83 –92.

[6] Arora, V. , Shi, S. Energy Consumption and Economic Growth in the United States. Applied Economics, 2016, 48 (39): 1 –11.

[7] Asafu – Adjaye, J. The Relationship between Energy Consumption, Energy Prices and Economic Growth: Time Series Evidence from Asian Developing Countries. Energy Economics, 2000, 22 (6): 615 –625.

[8] Ayres, R. U. , Ayres, L. W. , Warr, B. Energy, Power and Work in the US Economy, 1900 –1998. Energy, 2003, 28 (3): 219 –273.

[9] Barnett, H. J. , Morse, C. Scarcity and growth: The Economics of

Natural Resource Availability , Rff Press, 1963.

[10] Bayramoglu, A. T. , Yildirim, E. The Relationship between Energy Consumption and Economic Growth in the USA: A Non - Linear ARDL Bounds Test Approach. Energy and Power Engineering, 2017 (9): 170 - 186.

[11] Berndt, S. R. , Wood, D. O. Engineering and Econometric Interpretations of Energy - capital Complementarity: Reply and Further Results. American Economic Review, 1979, 69 (3): 342 - 354.

[12] Bernstein, M. A. Fonkych, K. Loeb, S. Loughran, D. S. State - Level Changes in Energy Intensity and Their National Implications. Rand Corporation, 2003, 60 (17) .

[13] Breheny, M. Exchange: The Compact City and Transport Energy Consumption. Transactions of the Institute of British Geographers, 1995, 20 (1): 81 - 101.

[14] Buchert, M. , Schüler, D. Bleher, D. Critical Metals for Future Sustainable Technologies and Their Recycling Potential. United Nations Environment Programme (UNEP) and Öko - Institut, 2009.

[15] Carmona, M. J. C. , Collado, R. R. LMDI Decomposition Analysis of Energy Consumption in Andalusia (Spain) During 2003—2012: the Energy Efficiency Policy Pmplications. Energy Efficiency, 2016, 9 (3): 1 - 17.

[16] Cheng, B. L. , Lai, T. W. An Investingation for Cointegration and Causality between Energy Consumption and Economic Activity in Taiwan. Energy Economics, 1997 (19): 435 - 444.

[17] Clark, A. L. , Jeon, G. J. , et al. Consumption Trends in the Asia - Pacific Region 1960—2015. Pacific Economic Cooperation, 1990.

[18] Choi Ki - Hong. , Ang, B. W. , Ro, K. K. Decomposition of the Energy Intensity Index with Application for The Korean Manufacturing Industry. Energy, 1995, 20 (9): 835 - 842.

[19] Cottrell, W. F. Energy and Society: the Relation between Energy,

Social Change and Economic Development , McGraw Hill: NewYork, 1955.

[20] Cornillie, J. , Fankhauser, S. The Energy Intensity of Transition Countries. Energy Economics, 2004, 3 (26): 283 -295.

[21] Dasgupta. P. , Heal, G. Economic Theory and Exhaustible Resources, England: Cambridge University Press, 1979.

[22] Dasgupta, P. , Heal, G. The Optimal Depletion of Exhaustible Resources. The Review of Economic Studies, 1974, 41 (5): 3 -28.

[23] Douce, A. E. P. Metallic Mineral Resources in the Twenty - first Century. I. Historical Extraction Trends and Expected Demand. Natural Resources Research, 2016, 25 (1): 71 -90.

[24] Fischer, C. , Laxminarayan, R. Monopoly Extraction of An Exhaustible Resource with Two Markets. Canadian Journal of Economics, 2004, 37 (1): 178 -188.

[25] Fisher - Vanden, K. , Jefferson, G. H. , Liu, H. M. Tao, Q. What is Driving China's Decline in Energy Intensity? . Resource and Energy Economics, 2004, 26 (1): 77 -97.

[26] Garbaccio, R. F. Ho, M. S. Jorgenson, D. W. Why Has the Energy - Output Ratio Fallen in China? . Energy Journal, 1999, 20 (3): 63 -92.

[27] Graedal, T. E. et al. Methodology of Metal Criticality Determination. Environmental Science & Technology, 2012, 46 (2): 1063 -1070.

[28] Grossman, G. M. , Krueger. A, B. Environmental Impacts of North American Free Trade Agreement. Social Science Electronic Publishing, 1992, 8 (2): 223 -250.

[29] Gullickson, W. , Harper, M. J. Multifactor Productivity in US Manufacturing, 1949 -1983. Monthly Labor Review, 1987 (110): 18 -28.

[30] Hang, L. M. , Tu, M. Z. The Impacts of Energy Prices on Energy Intensity: Evidence from China. Energy Policy, 2007, 35 (5): 2978 -2988.

[31] Harper, E. , M. Johnson, J. Graedel, T. E. Making Metals Count:

Applications of Material Flow Analysis. Environmental Engineering Science, 2006, 23 (3): 493 -506.

[32] Harvey, S. P. , Lowdon, W. Natural Resources Endowment and Regional Economic Growth, New York: Resources ofthe Future Inc. , 1961.

[33] Hjalmarsson, L. , Veiderpass, A. Efficiency and Ownership in Swedish Electricity Distribution. The Journal of Productivity Analysis, 1992, 3 (1): 7 -23.

[34] Hotelling. H. The Economics of Exhaustible Resources. The Journal of Political Economy, 1931, 39 (2): 137 -175.

[35] Hubbert, M. K. Mineral Resources and Rates of Consumption, United Nations. Dept. of Economic and Social Affairs. Proceedings of the World Population Conference, Belgrade, 30 August -10 September 1965. Vol. 3. Selected papers and summaries: projections, measurement of population trends. New York, UN, 1967: 318 -324.

[36] Hudson, S. A. , Jorgenson, D. W. US Energy Policy and Economic Growth, 1975 -2000. Bell Journal of Economics & Management Science, 1974, 5 (2): 461 -514.

[37] Hu, J. L. , Wang, S. C. Total - Factor Energy Efficiency of Regions in China. Energy Policy, 2006, 34 (17): 3206 -3217.

[38] Hu, J. L. , Kao, C. H. Efficiency Energy - Saving Targets for APEC Economies. Energy Policy, 2007, 35 (1): 373 - 382.

[39] Hwang, D. B . K. Gum, B. The Causal Relationship between Energy and GNP: the Case of Taiwan. Journal of Energy and Development, 1992, 16 (2): 219 -226.

[40] Joseph. Growth with Exhaustible Natural Resources: Efficient and Optimal Growth Paths. The Review of Economic Studies, 1974, 41 (5): 123 -137.

[41] Kraft, J. , Kraft, A. On the Relationship between Energy and GNP. Journal of Energy Finance & Development, 1978, 32 (2): 401 -403.

[42] Kuznets, S. Economic Growth and Income Inequality. the American Economic Review, 1955, 45 (3): 1 –28.

[43] Lin, B., Ahmad, I. Technical Change, Inter – Factor and Inter – Fuel Substitution Possibilities in Pakistan: a Trans – Log Production Function Approach. Journal of Cleaner Production, 2016 (126): 537 –549.

[44] Li, K., Lin, B. Impacts of Urbanization and Industrialization on Energy Consumption/CO_2 Emissions: Does the Level of Development Matter? . Renewable & Sustainable Energy Reviews, 2015 (52): 1107 –1122.

[45] Malenbaum, W. World Demand for Raw Materials in 1985 and 2000, New York: McGraw – Hill, 1978.

[46] Malueg, D. A., Solow, J. L. Monopoly Production of Durable Exhaustible Resources. Economica, 1990, 57 (225): 29 –47.

[47] Markandya, A., Pedroso, S., Streimikiene, D. Energy Efficiency in Transition Economies: Is There Convergence towards the EU Average? . Ssrn Electronic Journal, 2004, 28 (1): 121 –145.

[48] Masih, A. M. M. Masih, R. On the Temporal Causal Relationship between Energy Consumption, Real Income and Prices: Some New Evidence from Asian – Energy Dependent NICs Based on a Multivariate Cointegration Vector Error – correction Approach. Journal of Policy Modeling, 1997, 19 (4): 417 –440.

[49] Martinez – Zarzoso, I. A. Bengochea – Morancho. Pooled Mean Group Estimation of An Environmental Kuznets Curve for CO_2. Economics Letters, 2004, 82 (1): 121 –126.

[50] Miketa, A. Analysis of Energy Intensity Developments in Manufacturing Sectors in Industrialized and Developing Countries. Energy Policy, 2001, 29 (10): 769 –775.

[51] Moroney, J. R. Energy, Capital and Technological Change in The United States. Resource Energy, 1992, 14 (4): 363 –380.

[52] Moss, R. L., Tzimas, E., Kara, H. Willis, P. Kooroshy,

J. Critical Metals in Strategic Energy Technologies: Assessing Rare Metals as Supply - Chain Bottlenecks in Low - Carbon Energy Technologies, JRC (The European Commission Joint Research Centre Institute for Energy and Transport), 2011, http://setis. ec. europa. eu/newsroom - items - folder/jrc - report - on - criticalmetals - in - strategic - energy - technologies.

[53] Murillo - Zamorano, L. R. The Role of Energy in Productivity Growth: A Controversial Issue. Energy, 2005, 26 (2): 69 - 88.

[54] National Research Council. Minerals, Critical Minerals, and the U. S. Economy, National Academies Press: Washington, DC, 2008.

[55] National Research Council. Minerals, Critical Minerals, and the U. S. Economy, National Academies Press: Washington, DC, 2008.

[56] Nassar, N. T. et al. Criticality of the Geological Copper Family. Energy Economics Environmental Science & Technology, 2011, 46 (2): 1071 - 1078.

[57] Narayan, P. K. Smyth, R. Multivariate Granger Causality between Electricity Consumption, Exports and GDP: Evidence from A Panel Of Middle Eastern Countries. Energy Policy, 2009, 37 (1): 229 - 236.

[58] Nooji, M., Kruk, R., Soest, D. P. International Comparisons of Domestic Energy Consumption. Energy Economics, 2003, 25 (4): 259 - 373.

[59] Pesaran, M. H., Shin, Y., Smith. R. P. Pooled Mean Group Estimation of Dynamic Heterogeneous Panels. Journalof the American Statistical Association, 1999, 94 (446): 621 - 634.

[60] Pesaran, M. H., Smith. R. P. Estimating Long - Run Relationships from Dynamic Heterogeneous Panels. Journal of Econometrics, 1995, 68 (1): 79 - 13.

[61] Phillips, P. C. B., Moon, H. R. Nonstationary panel data analysis: An overview of some recent developments. Econometric Reviews, 2000, 19 (3): 263 - 286.

[62] Pokrovski, V. N. Energy In The Theory of Production. Energy,

2003, 28 (8): 769 -788.

[63] Ramanathan, R. An Analysis of Energy Consumption and Carbon Dioxide Emissions in Countries of the Middle East and North Africa. Energy, 2005, 30 (15): 2831 -2842.

[64] Reddy, B. S. , Ray, B. K. Decomposition of Energy Consumption and Energy Intensity in Indian Manufacturing Industries . Energy for Sustainable Development, 2010, 14 (1): 35 -47.

[65] Sarmah, B. Energy Consumption and Economic Development: Examining the Causal Relationship. Global journal for research analysis, 2016, 5 (10): 638 -640.

[66] Sathaye, J. Meyers, S. Energy Use in Cities of the Developing Countries. Annual Review of Environment & Resource, 1985, 10 (12): 109 -133.

[67] Schipper, L. Bartlett,, S. Hawk, A.. D. Vin, E. Linking Life - Styles and Energy Use; A Matter of Time. Annual Review of Energy, 1989, 14 (1): 273 -320.

[68] Schmidt, R. H. Hotelling's Rule Repealed? An Examination of Exhaustible Resource Pricing. Economic review, 1988 (4): 41 -54.

[69] Schnabl, H. The ECA - Method for Identifying Sensitive Reactions within an IO Context. Economic Systems Research, 2003, 15 (4): 495 -504.

[70] Shahbaz, M. , Lean, H. H. Does Financial Development Increase Energy Consumption? The Role of Industrialization and Urbanization in Tunisia. Energy Policy, 2011, 40 (1): 473 -479.

[71] Solow, RM. Intergenerational Equity and Exhaustible Resources. The Review of Economic Studies, 1974 (41): 29 -45.

[72] Soytas, U. Sari, R. Energy Consumption and GDP: Causality Relationship in G7 Countries and Emerging Markets. Energy Economics, 2003, 25 (1): 33 -37.

[73] Steinbach, V. Wellmer, F. W. Consumption and Use of Non - Re-

newable Mineral and Energy Raw Materials from an Economic Geology Point of View. Sustainability, 2010, 2 (5): 1408 - 1430.

[74] Stern, D. I. A Multivariate Cointegration Analysis of the Role of Energy in the US Macroeconomy. Energy Economics, 2000 (22): 267 - 283.

[75] Stern, D. I. Energy Use and Economic Growth in the USA: A Multivariate Approach. Energy Economics , 1993, 15 (2): 137 - 150.

[76] Stuermer. M. Industrialization and the Demand for Mineral Commodities. Social Science Electronic Publishing, 2013.

[77] Sun, J. W. The Decrease in the Difference of Energy Intensities between OECD Countries from 1971 to 1998. Energy Policy, 2002, 30 (8): 631 - 635.

[78] Thakur, T. , Deshmukh, S. G. , Kaushik, S. C. Efficiency Evaluation of The State Owned Electric Utilities in India. Energy Policy, 2006 (34): 2788 - 2804.

[79] Thangasamy, R. , Deo, M. , Sankaran, K. Carbon Dioxide Emissions (CO_2), Energy Consumption and Economic Development of New Industrialized Countries Using Panel Econometric Analysis. International Journal of Economy, Energy and Environment, 2016, 1 (2): 24 - 33.

[80] Thomas, Greefe, D. L. , Grant, K. C. Application of Data Envelopment Analysis to Management Audits of Electric Distribution Utilities., Public Utility Commission of Texas, Austin, TX, 1985.

[81] Ussanarassamee, A. Bhattacharyya, S. C. Changes in Energy Demand in Thai Industry between 1981 and 2000. Energy, 2005, 30 (10): 1845 - 1857.

[82] Weyman - Jones, T. G. . Productive Efficiency in Regulated Industry: The Area Electricity Boards of England and Wales . Energy Economics, 1991, 13 (2): 116 - 122.

[83] Wellington, T. A. A. Mason, T. E. The Effects of Population Growth

and Advancements in Technology on Global Mineral Supply. Resources Policy, 2014, 42 (42): 73 -82.

[84] Yang, H. Y. A Note on the Causal Relationship between Energy and GDP in Taiwan. Energy Economics, 2000, 22 (3): 309 -317.

[85] Yamaguchi, M. Factors that Affect Innovation , Deployment and Diffusion of Energy - Efficient Technologies - Case Studies of Japan and Iron Steel Industry. Session Workshop on Mitigation at Sbsta, 2005 .

[86] Yu, E. S. H. Choi, J. Y. The Causal Relationship between Energy and GNP: An International Comparison. Journal of Energy and Development, 1985 (10): 249 -272.

[87] Yu, E. S. H. Hwang, B. K. The Relationship between Energy and GNP: Further Results. Energy Economics, 1984, 6 (3): 186 -190.

[88] Yu, E. S. H. , Jin, J. C. Cointegration Test s of Energy Consumption, Income, and Employment . Resources and Energy, 1992, 14 (3): 259 -266.

[89] 白积洋．经济增长、城市化与中国能源消费——基于 EKC 理论的实证研究[J]．世界经济情况，2010 (7): 57 -64.

[90] 陈军，成金华，吴巧生．工业化水平区域差异与中国能源消费[J]．中国人口·资源与环境，2007 (5): 59 -64.

[91] 陈佳贵，黄群慧，吕铁，李晓华等．中国工业化进程报告(1995—2010) [M]．北京：中国社会科学出版社，2012.

[92] 陈其安，孙方方．工业化与城镇化进程中金融发展与能源消费的关系——基于 VEC 模型的实证分析[J]．生态经济，2017 (1): 80 -83.

[93] 陈其慎，王安建，王高尚，杜学明，邢万里．美国矿产资源消费图谱初探[J]．中国矿业，2013 (5): 8 -14.

[94] 陈建宏，永学艳，刘浪，周智勇．国家工业化与矿产资源消费强度的相关性研究[J]．中国矿业，2009 (10): 48 -50.

[95] 陈喜峰，叶锦华，陈秀法．日本海外矿产资源开发模式及对我

国的启示[J]．资源与产业，2014（3）：17－24.

[96] 曹新元，王威．从消费弹性和使用强度看我国矿产资源节约集约利用水平[J]．国土资源情报，2006（5）：1－6.

[97] 丁翠翠．我国工业化、城市化对能源消费强度的动态效应与区域差异——基于动态面板数据模型的系统广义矩（SYS－GMM）分析方法[J]．河北经贸大学学报，2015（3）：47－54.

[98] [美] 戴伟·罗默．高经宏观经济学（第四版）[M]．吴化斌，龚关译．上海：上海财经大学出版社，2014.

[99] 董竞泽，杜凤莲，马慧峰，任艳．不同市场结构组合下稀土最优开采路径研究[J]．中国人口·资源与环境，2017（2）：109－116.

[100] 方毅，张筱婉．国际煤价与中国 GDP、能源消费的关联关系——兼论我国经济增长的资源约束阶段性假说[J]．上海经济研究，2013（12）：3－12.

[101] 耿海青．能源基础与城市化发展的相互作用机理分析[D]．中国科学院研究生院博士学位论文，2004.

[102] 国家发展和改革委员会．中国资源综合利用报告 2014 [Z].

[103] 国务院发展研究中心课题组．我国矿产资源消费前景展望与保障能力评价[J]．中国发展观察，2014（6）：15－18.

[104] 韩智勇，魏一鸣，焦建玲，范英，张九天．中国能源消费与经济增长的协整性与因果关系分析[J]．系统工程，2004（12）：17－21.

[105] 何晓萍，刘希颖，林艳苹．中国城市化进程中的电力需求预测[J]．经济研究，2009（1）：118－130.

[106] 金碚等．资源与增长[M]．北京：经济管理出版社，2014.

[107] 金碚．资源与环境约束下的中国工业发展[J]．中国工业经济，2005（4）：5－14.

[108] 姜巍，张雷．矿产资源消费周期理论与中国能源消费的时空效应分析[J]．矿业研究与开发，2004（6）：1－5.

[109] 贾文龙，薛亚洲，任忠宝．关于建立中国矿产资源储备体系的

政策思考[J]. 中国国土资源经济，2008（12）：7-9.

[110] 库兹涅茨. 各国的经济增长[M]. 北京：商务印书馆，1985.

[111] 林伯强. 结构变化、效率改进与能源需求预测——以中国电力行业为例[J]. 经济研究，2003（5）：57-65.

[112] 林伯强. 电力消费与中国经济增长：基于生产函数的研究[J]. 管理世界，2003（11）：18-27.

[113] 李国璋，霍宗杰. 中国能源消费结构与经济增长——基于ARDL模型的实证研究[J]. 当代经济科学，2010（1）：28-35.

[114] 刘丽萍，佟方，佘延双. 加拿大矿业融资的主要方式与金融工具[J]. 中国矿业，2016（5）：54-57.

[115] 李世祥. 中国工业化进程中的能源矿产消耗及其效率研究[M]. 北京：中国地质大学出版社，2010.

[116] 李世祥. 中国工业化进程中的能耗特征及能效提升途径[J]. 中国软科学，2010（7）：23-35.

[117] 刘耀彬. 中国城市化与能源消费关系的动态计量分析[J]. 财经研究，2007（11）：72-81.

[118] 罗永国. 对解决未来矿产资源需求问题的展望[J]. 中国地质，1988（7）：27-29.

[119] 路甬祥. 21世纪中国面临的12大挑战[M]. 北京：世界知识出版社，2001.

[120] 吕政，郭克莎，张其仔. 论我国传统工业化道路的经验与教训[J]. 中国工业经济，2003（1）：48-55.

[121] 马超群，储慧斌，李科，周四清. 中国能源消费与经济增长的协整与误差校正模型研究[J]. 系统工程，2004（10）：47-50.

[122] 马珩. 中国城市化和工业化对能源消费的影响研究[J]. 中国软科学，2012（1）：176-182.

[123] 马晓微. 我国经济发展与能源消费关系实证研究[J]. 中国能源，2007（5）：30-34.

[124] 钱纳里等．工业化和经济增长的比较研究[M]．上海：上海三联书店，2015.

[125] 齐绍洲，云波，李锴．中国经济增长与能源消费强度差异的收敛性及机理分析[J]．经济研究，2009（4）：56－64.

[126] 屈小娥，袁晓玲．能源消费对中国工业化进程制约作用的实证分析[J]．数理统计与管理，2009（5）：761－767.

[127] 齐志新，陈文颖，吴宗鑫．工业轻重结构变化对能源消费的影响[J]．中国工业经济，2007（2）：8－14.

[128] 任忠宝，王世虎，唐宇，周海东．矿产资源需求拐点理论与峰值预测[J]．自然资源学报，2012（9）：1480－1489.

[129] 史丹，张金隆．新型工业化道路对能源消费的影响[J]．中国能源，2003（6）：37－39.

[130] 师博．能源消费、结构突变与中国经济增长1952—2005[J]．当代经济科学，2007（5）：94－100.

[131] 宋锋华，泰来提·木明．能源消费、经济增长与结构变迁[J]．宏观经济研究，2016（3）：73－84.

[132] [美] 汤姆·蒂坦伯格，琳恩·刘易斯．环境与自然资源经济学[M]．王晓霞，等译．北京：中国人民大学出版社，2011.

[133] 谭文兵，王永生．发达国家的矿产资源战略以及对我国的启示[J]．中国矿业，2007（6）：20－22.

[134] 王安建，王高尚，陈其慎，于汶加．矿产资源需求理论与模型预测[J]．地球学报，2010（2）：137－147.

[135] 王安建，王高尚，周凤英．能源和矿产资源消费增长的极限与周期[J]．地球学报，2017（1）：3－10.

[136] 王高尚，代涛，柳群义．全球矿产资源需求周期与趋势[J]．地球学报，2017（1）：11－16.

[137] 王高尚，韩梅．中国重要矿产资源的需求预测[J]．地球学报，2002（6）：483－490.

[138] 王鹤．中国工业化进程中能源消费变动的实证分析——基于协整检验与误差修正模型[J]．中国国土资源经济，2009（6）：35-38.

[139] 王蕾，魏后凯．中国城镇化对能源消费影响的实证研究[J]．资源科学，2014（6）：1235-1243.

[140] 吴巧生，陈亮，张炎涛，成金华．中国能源消费与GDP关系的再检验——基于省际面板数据的实证分析[J]．数量经济技术经济研究，2008（6）：27-40.

[141] 吴巧生．理解中国工业化与能源消费——基于计量经济模型的实证检验[J]．中国地质大学学报（社会科学版），2010（4）：49-54.

[142] 吴巧生，成金华，王华．中国工业化进程中的能源消费变动——基于计量模型的实证分析[J]．中国工业经济，2005（4）：30-37.

[143] 许冬兰，李淡．山东省城市化和能源消耗的关系研究[J]．中国人口·资源与环境，2010（11）：19-24.

[144] 向运川，陈正，张振芳，李娜，王秋舒．中国与周边国家合作开展矿产资源勘查开发战略[J]．地质通报，2015（4）：599-604.

[145] 于宏源，邵律．欧盟资源政治经济战略和对中国的启示[J]．上海经济，2017（1）：41-47.

[146] 闫军印，赵国杰．基于区域发展的矿产资源最优耗竭量模型构建[J]．资源科学，2006（4）：151-157.

[147] 杨冶．产业经济学导论[M]．北京：中国人民大学出版社，1985.

[148] 张晓平，孙磊．中国工业能源消费强度变化的分解分析[J]．资源科学，2010（9）：1685-1691.

[149] 周国富，藏超．城市化与能源消费的动态相关性及其传导机制——基于1978—2008年的实证研究[J]．经济经纬，2011（3）：62-66.

[150] 中国国土资源部．中国矿产资源报告2016[M]．北京：地质出版社，2016.

[151] 中国国土资源经济研究院．全国矿产资源节约与综合利用报告

（2016）［M］．北京：地质出版社，2016.

［152］赵进文，范继涛．经济增长与能源消费内在依从关系的实证研究［J］．经济研究，2007（8）：31－42.

［153］张雷．矿产资源开发与国家工业化［M］．北京：商务印书馆，2004.

［154］张雷．我国的矿产资源开发与区域发展［J］．自然资源学报，1997（3）：204－210.

［155］张丽峰．中国能源、环境、工业化与经济增长关系的实证分析［J］．技术经济，2009（4）：109－112.

［156］赵丽霞，魏巍贤．能源与经济增长模型研究［J］．预测，1998（6）：32－34.

［157］智颖飙，王再岚，马中，崔艳，韩雪，李静敏，刘建平．我国矿产资源禀赋与静态储产比特征［J］．中国人口·资源与环境，2010（S1）：321－324.

［158］张荣光．矿产资源消费对经济的影响［J］．天府新论，2012（4）：62－66.

［159］张所续．矿产资源战略储备与国家安全［J］．中国矿业，2010（10）：1－4.

［160］张伟，张金锁，袁显平．工业化、经济增长与能源消费——基于中国分省面板数据的实证分析［J］．统计与信息论坛，2012（1）：60－66.

［161］张文驹．矿产品消费及其资源保障［J］．中国地质矿产经济，2003（7）：4－9.

［162］张晓佳，王高尚，陈其慎，彭颖．我国区域性矿产资源需求差异与趋势分析［J］．地球学报，2010（5）：679－685.

［163］张意翔，王红兵，汪涛．工业重化工化对我国能源消费影响的实证分析［J］．中国地质大学学报：社会科学版，2008（1）：26－31.

后　记

本书从选题、开题到最终完成的过程中耗费了我大量的精力和心血，其中包含的艰难我一时难以衡量。所幸的是，此书最终还是得以顺利完成。在此，我由衷地感谢我的博士导师金碚研究员，感谢他在本书写作过程中给予的珍贵意见与建议；感谢他在学业上对我的悉心指导与谆谆教诲；感谢他在生活上对我的无私帮助和亲切关怀！在我的心目中，金老师广博高深的专业知识，精深细腻的学术风范，严谨求实的治学态度，孜孜不倦的高尚精神，和蔼可亲的言传身教，都对我未来人生之路产生了积极深远的影响。金老师在百忙之中抽出宝贵时间，对我的书稿进行了精心细致的指导，从选题、开题报告、初稿到最后完稿，都离不开金老师的谆谆教诲。金老师指导我收集和阅读与文章相关的资料，使我在写作过程中少走了很多弯路，尤其在书稿修改阶段，我得到了金老师大量宝贵的修改意见。当我在学术上茫然无措时，正是金老师给予我巨大帮助，使我走出迷茫，步入学术研究之坦途。金老师的教诲，学生铭感五内。一直以来，我都为能成为金老师的学生而庆幸。

时光荏苒，光阴似箭，2014 年 9 月初作为新生入学的场景尚历历在目，转眼间，我在研究生院的三年博士生涯即将结束。在此，我要感谢所有帮助过我的人们，感谢社科院工经所系秘书蒙娃老师，感谢她对学生如慈母般无私的关怀；感谢社科院工经所的每一位老师；感谢工经系 2014 级的同学们。正是他们无私的帮助和支持使我在研究生院学习的三年时光变得多姿多彩，在此我衷心地希望你们能幸福快乐、一切顺利！另外，我还要感谢同门师兄们，在论文写作过程中，他们给予我太多的指点和帮助，这些无私的关心关爱，都成为我写作的动力，指引着我一路前行。

最后，我要特别感谢我的家人和亲友，感谢他们在生活中给予我温暖。在我遇到困难与挫折的时候，是你们的鼓励让我迎难而上，以积极乐观的态度面对学习和生活；在我取得成绩的时候，是你们的告诫让我戒骄戒躁。在此，我要对我的家人们说一声由衷的感谢！谢谢你们！

作 者

2020 年 12 月